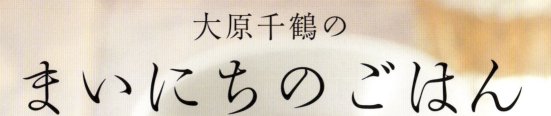

大原千鶴の
まいにちのごはん

大原千鶴

短時間で
おいしい料理は
作れます

いろいろとやることがある毎日、
1日3食、料理を作るのは、ほんとうに大変。
それでも作ろうかなあ、と思うのは、
家の料理は、かた苦しくなく、ほっとして
食べ続けてもからだが疲れず、体調がととのうから。
現実的には、家で作れば、かかるお金も相当変わります。

この本では、忙しい人、ひとり暮らしの人でも
「作る気になる」、かんたんで短時間にできる
私が現実に作っている料理ばかりを集めました。

共通しているのは、シンプルで
飾り気のない「本音の料理」。

時短料理だから、味はそこそこというのでは
からだは正直なもので、元気にはなりません。
調理はかんたんでも、ポイントをはずさなければ、
できあがった料理は、自然に
手をかけて作ったようなおいしさになります。

家族がそろって食べる日には、
この中の料理から何品か組み合わせて。
帰宅が遅くなった日や、さっと一人分食べたい時、
食欲がないので軽く済ませたい日などは
料理1品にご飯かパンを組み合わせて1食に。
これからの時代は、
そんなフレキシブルな料理が
生活に寄り添う気がします。

野菜のつけ合わせも同時に作れるメインから、
おいしくて少量でも満足できる副菜まで
長年作っている現実的な料理ばかりですが、
みなさんのそれぞれのシーンで
お役に立つとうれしいと思います。

目次

短時間でおいしい料理は作れます

第1章 ひと鍋で早煮

だしで煮る
- 10 じゃがいもと鶏肉のスープ煮
- 12 青豆とお揚げさんのさっと煮
- 14 キャベツと鶏手羽のだし煮
- 16 白菜と豚バラのさっと煮
- 18 大根といかのさっと煮
- 20 かぶとさわらのさっと煮

炒めてだしで煮る
- 24 かぶと豚肉のさっと煮
- 26 冬瓜と鶏だんごのさっと煮
- 28 玉ねぎ、れんこん、鶏肉の炒り煮
- 30 ごぼうと牛肉のさっと煮

炒めて甘辛く煮る
- 34 じゃがいもと牛肉の甘辛煮
- 36 きのこと牛肉の甘辛煮
- 38 ねぎと厚揚げの甘辛煮
- 40 にんじん、牛肉、糸こんの甘辛煮

水で煮る
- 44 たけのこの直かつお煮
- 46 れんこんの直かつお煮
- 47 こんにゃくの直かつお煮
- 48 じゃがいもと切り昆布煮
- 49 大豆と切り昆布煮
- 50 かぼちゃの塩みつ煮
- 51 さつまいもの塩みつ煮

第2章 フライパンひとつでメインと焼き野菜

重ねて煮る
- 54 鶏肉、トマト、かぼちゃの重ね煮
- 56 じゃがいも、キャベツ、豚肉の重ね煮
- 58 ブロッコリーと鮭の重ね煮 レモンの香り
- 60 焼き豆腐、きのこ、牛肉の重ね煮

肉・魚はパターンを知って焼き上手
- 64 鶏肉の照り焼き 焼き野菜と
- 65 鶏肉のにんにくレモンソテー
- 66 鶏肉の塩焼き 梅おろし
- 67 鶏肉のソテー フレッシュトマトソース
- 68 豚肉のステーキ ポン酢風味
- 68 豚肉のハーブソテー
- 70 鮭の幽庵焼き
- 70 鮭のソテー タルタルソースと
- 72 さばのしょうゆ焼き
- 73 さばのカレー焼き
- 74 あじの塩焼き しょうが割り酢
- 74 あじのソテー トマトケチャソース

第3章 ささっと軽いおかず

切ってつける、混ぜるだけ
- 77 トマトしょうがじょうゆ
- 78 かぶからしじょうゆ
- 78 のりレタス
- 79 紅白なます
- 79 きゅうり山椒みそ
- 80 貝割れ菜梅マヨ
- 80 温泉卵にフレーバーソルト
- 81 じゃこ豆腐
- 81 ハニーコチュジャンたこ
- 82 フライパンで蒸しサラダ
- 83 巣ごもりキャベツ ソース味
- 83 チンゲン菜としいたけのさっと蒸し
- 83 豚ポンもやし
- 84 ペペロンブロッコリーじゃが

さっと炒めおかず
- 85 にら豆腐のXO醬炒め
- 85 かぶの葉、ベーコンの卵炒め
- 86 青豆バター炒め
- 86 にんじん明太子炒め

焼いて料理屋風おかず
- 87 焼きなす
- 87 焼き万願寺
- 88 焼きアボカド
- 88 焼きしいたけ
- 89 焼きアスパラ
- 89 焼き油揚げ
- 89 いかゲソ焼き

第4章 かけるだけサラダ かんたんあえもの

家にある調味料をかけるだけサラダ
- 92 リーフレタスとツナのサラダ
- 93 細切り大根と豆腐の薬味サラダ
- 93 穴子、水菜、温泉卵のサラダ
- 93 ゆでさつまいもとりんごのサラダ

- 94 玉ねぎドレッシングをかけるだけサラダ
  レタス、パプリカ、きゅうりのサラダ
- 95 ゆでじゃがサラダ
- 95 ブロッコリーとささみのサラダ
- 95 豚しゃぶとサラダ菜のサラダ
- 97 すいかの皮の二杯酢あえ
- 97 玉ねぎとゆで鶏皮の二杯酢あえ
- 97 レタスとゆで豚の二杯酢あえ
- 96 トマトとわかめの二杯酢あえ

あえもの
キリッとした味 二杯酢

- 98 きゅうりの三杯酢あえ
- 99 きのこの三杯酢あえ
- 99 えびと長いもの三杯酢あえ
- 99 蒸し鶏とセロリの三杯酢あえ

ほんのり甘じょっぱい 三杯酢

- 100 いかときゅうりの酢みそあえ
- 101 油揚げと青ねぎの酢みそあえ
- 101 豆苗にかにかまぼこの酢みそあえ
- 102 炒りこんにゃくの酢みそあえ

コクと甘みで上品な味に 酢みそ

- 103 ゆでアスパラのしょうゆあえ
- 103 ほうれん草のごまあえ

ほんのり甘みが野菜をおいしく 甘じょうゆ

- 103 焼きエリンギと厚揚げのしょうゆあえ
- 103 ゆでピーマンのしょうゆあえ
- 104 かんぴょうと牛こまのごまあえ
- 105 いんげんのごまあえ
- 105 ロメインレタスの練りごまあえ
- 105 レンジ蒸しなすのごまあえ

ごまのコクですぐにおいしく 練りごま

第5章 飲んで安心。ほっとするおかず汁もの

おすましはかんたん

- 108 豚肉、大根、わかめのおすまし
- 108 焼き麩と鶏肉のおすまし
- 109 ブロッコリー、しいたけのかき玉汁
- 109 すくい豆腐としょうがのおすまし
- 110 鯛とわかめのおすまし
- 111 牛肉、レタス、トマトのおつゆ
- 111 かぼちゃと白みそのおつゆ
- 112 削り節と梅干しのおつゆ

だしいらず汁

あると助かるおかずみそ汁

- 112 厚揚げ、なめこ、青ねぎのみそ汁
- 113 キャベツ、ベーコン、ミニトマトのみそ汁
- 113 かぶ、油揚げ、落とし卵のみそ汁
- 114 あさりと大根の赤だし汁
- 113 いわしのみそ汁

第6章 これだけで満足。お昼や軽い晩ごはんにのせるだけご飯

- 116 さば豆腐ご飯
- 116 夫婦みぞれ丼
- 118 トマト目玉焼きご飯
- 119 鮭卵とじ甘酢あん

第7章 時間がおいしくする ちょっといいもの

- 120 塩きゅうり
- 121 フレッシュトマトソース
- 122 オイル玉ねぎ
- 123 黄身のしょうゆ漬け

[コラム]

- 124 20分でごはんに欠かせないもの
- 125 カット野菜
- 125 水つけ野菜、ゆで野菜
- 肉や魚は冷凍しないで、ストック洗い米
- ストック水だし、冷蔵でよりおいしく
- 126 混ぜるだけ使いきりだれ トマトケチャップ
- 126 混ぜるだけ使いきりだれ タルタルソース
- 126 混ぜるだけ使いきりだれ コチュジャンだれ
- 126 混ぜるだけ使いきりだれ 玉ねぎドレッシング

レシピについて

■計量カップは、1カップ＝200mℓ、計量スプーンの大さじ1＝15mℓ、小さじ1＝5mℓです。■特に記載のない場合、火加減は中火、だし汁は昆布とかつおの水だし、こしょうは粗びき黒こしょうです。■電子レンジの調理分数は目安です。状態をみながら加減してください。■野菜は皮をむく、へた、種やわたを取る、きのこは石づきを除くなどの下処理済みです。■煮る時間は目安です。好みの火の通り加減に煮て下さい。

この本の使い方

ひと鍋で早煮 ──── P07

ひとつの鍋で具と調味料を煮るだけ。献立のメイン料理にはもちろん、この1品にご飯を添えれば軽い食事に。汁けの多いだし煮はスープ代わりになり、甘辛煮はおつまみにもなります。

おいしい理由メモ

この本でご紹介しているレシピは、かんたん時短で作っても、料理がおいしくなる調理工程をふまえています。ここで、おいしさを引き出す理由、テクニックをご紹介しています。

フライパンひとつで メインと焼き野菜 ── P61

フライパンひとつで、メインになる肉か魚のソテーと同時調理で副菜代わりの焼き野菜ができます。パンかご飯を添えればワンプレートディッシュになります。

かけるだけサラダ かんたんあえもの ── P90

サラダは器に野菜や具を入れ、家にある調味料をかけるだけ。あえものは少ない調味料を混ぜて具とあえるだけ。野菜をたっぷり食べたい日にささっと作れます。

ささっと軽いおかず ──── P76

何かもう一品という時にすぐにできる野菜や豆腐や魚介の副菜。生野菜や火の通りが早い時短食材を使うので、調理時間は短くても、食べた時の満足感が違います。

おかず汁もの・のせるだけご飯 ── P106

相性のよい具を煮たおかず汁ものは、朝ごはんや体調をリセットしたい時のメインのおかずに。人気の卵、豆腐を調理してのせるだけのご飯ものは、これだけで一食代わりに。

ひと鍋で早煮

煮ものは究極の時短料理です。
さっと煮て火を止めておけば、
勝手に味が入って
手をかけたようなおいしさに。
油は使っても少量で
野菜がたっぷりとれるから
とてもヘルシー。
野菜に味がしみて
食べておいしく、元気になります。

だしで煮る

炒めものより、かんたん。
誰にでも手軽にできる煮ものです。
家に着いたら、とりあえず、
材料を鍋に入れて煮て、できあがり。
煮ている時のいい香りは
手作りだからこそ味わえる特権です。
煮ものは煮すぎると、食材の香りと食感が
損なわれるので、長くは煮ません。
だから、時短。
さっと作ったとは思えない
煮もののおいしさは、満足度が高く、
からだを癒やし、食卓を充実させます。

ひと鍋で早煮 | だしで煮る

3
煮る

2
だし汁と
うす口しょうゆを
入れる

1
材料を
鍋に入れる

だし煮は、材料を鍋に入れて煮るだけ。
調味料は、だし汁とうす口しょうゆだけ。
だし汁1カップに、うす口しょうゆは大さじ1。

鶏肉とだしを合わせると
上品なスープに。
だしを含んだ
ほろほろのじゃがいもは
いくつでも食べたくなる味。

じゃがいもと鶏肉のスープ煮

材料（2人分）と下処理

じゃがいも（男爵）…2〜3個（300g）
　▶皮をむき、大きめの一口大に切る
鶏もも肉…1枚（300g）
　▶8等分に切り、塩、こしょう各少々を
　　ふる
だし汁…200ml
うす口しょうゆ…大さじ1

1 鍋に入れる

すべての材料を鍋に入れ、ふたをして火にかける。

2 煮る

煮立ったら15分ほど煮て、じゃがいもに竹串がスッと通ったら、火を止める。器に盛り、三つ葉など好みの青み野菜を飾る。

ARRANGE

じゃがいもの代わりにれんこん、さつまいも、長いもで煮ても。じゃがいもは小さく切れば、早く煮えます。鶏もも肉をベーコンに替えれば、少し洋風に。

鶏肉は煮る前に塩、こしょうで下味をつけると、味がぼやけません。

青豆とお揚げさんの さっと煮

くたっと煮た
お豆さんの甘みと
だしがじゅわっと
しみ出すお揚げさん。
京都のおばんざいは
さっとできます。

ひと鍋で早煮 | だしで煮る

1 鍋に入れる

材料(2人分)と下処理

スナップえんどう…20本(200g)
▶筋を取る
油揚げ…80g
▶大きめの短冊に切る
だし汁…200mℓ
うす口しょうゆ…大さじ1

すべての材料を鍋に入れ、ふたをして火にかける。

2 煮る

煮立ったら5分ほど煮て、スナップえんどうがくたっとなったら、火を止める。

ARRANGE

スナップえんどうの代わりに他の春豆類、ブロッコリーやアスパラガスなどでも。

青豆は短時間で煮ると、色鮮やかに煮あがり、豆はばらけません。油揚げと煮ると、豆にうまみがのります。

1 鍋に入れる

すべての材料を鍋に入れ、ふたをして火にかける。

2 煮る

煮立ったら15分ほど煮て、キャベツがくたっとなったら火を止める。器に盛り、小口切りにした細ねぎを散らし、ラー油（固形状）をかける。

キャベツと鶏手羽のだし煮

ARRANGE
鶏手羽の代わりに鶏もも肉、ウインナー、ちくわでも。

材料（2人分）と下処理
キャベツ…⅓個（500g）
▶縦4等分のくし形に切る
鶏手羽先…6本（300g）
だし汁…400㎖
うす口しょうゆ…大さじ2

鶏手羽は煮てうまみが出やすい部位。先を落として焼いてから煮れば、食べやすくなり、見た目も軽やかになるので、おもてなし料理にも。

ひと鍋で早煮 | だしで煮る

甘くなめらかな
キャベツに
鶏手羽のうまみがのって
食べごたえあり。

白菜と豚バラのさっと煮

材料(2人分)と下処理

白菜…¼株(500g)
　▶2cm幅に切る
豚バラ薄切り肉…120g
　▶10cm長さに切る
だし汁…400mℓ
うす口しょうゆ…大さじ2

1 鍋に入れる

すべての材料を鍋に入れ、ふたをして火にかける。

2 煮る

煮立ったら10分ほど煮て、白菜に透明感が出てしんなりしたら火を止める。器に盛り、あれば輪切りにしたすだち1個分をのせ、粉唐辛子(中びき・韓国産)をふる。

ARRANGE
豚バラ薄切り肉の代わりに油揚げでも。

豚バラ薄切り肉は、豚赤身肉にくらべてアクが少ないので、煮もの向き。薄切りなので、煮る前に塩、こしょうはふらなくてもよい。

ひと鍋で早煮 | だしで煮る

相性のよい
白菜と豚バラに
だしの風味が加われば、
煮汁まで飲み干したくなる
おいしさに。

さっと煮るからこその
いかのやわらかさ。
だしの香りといかのうまみ、
大根の食感も絶妙のバランス。

ひと鍋で早煮 | だしで煮る

大根といかのさっと煮

ARRANGE

いかの代わりに
さつま揚げなど
魚の練りものでも。

材料（2人分）と下処理

大根…300g
　▶7mm幅の半月切りにする
するめいか…1杯（正味130g）
　▶胴から頭と足をはずし、胴は1cm幅に切り、足
　　は食べやすく切る。わたはわた袋から出す
だし汁…200mℓ
うす口しょうゆ…大さじ1

1 いか以外を鍋に入れる

大根、だし汁、うす口しょうゆを鍋に入れ、ふた
をして火にかける。

2 途中でいかを加えて煮る

10分ほど煮て大根が煮えたら、いかとわたを加え、
1～2分煮て火を止める。器に盛り、刻んだ青ねぎ
をのせ、あれば黄柚子の皮をあしらう。

いかやたこの魚介類は、煮すぎるとかたくなるので、大根が煮えてから加えます。
いかのわたはうまみが出るので、一緒に煮ます。

ARRANGE

さわらの代わりに鯛、すずきでも。

材料(2人分)と下処理

かぶ…2〜3個(正味200〜300g)
▶ 皮をむき、4〜6等分のくし形切りにする
さわら…2切れ(180g)
▶ 塩少々をふって10分おいて水けを拭き、4等分にして片栗粉適量をまぶす
だし汁…200ml
うす口しょうゆ…大さじ1

1 魚以外を鍋に入れる

かぶ、だし汁、うす口しょうゆを鍋に入れ、ふたをして火にかける。

2 途中でさわらを加えて煮る

10分ほど煮てかぶに火が通ったら、さわらを加えてもう一度ふたをし、1〜2分煮てさわらに火を通す。かぶ、さわらを器に盛り、鍋に残った煮汁でかぶの葉(小口切り)少々をさっと煮て汁ごとかけ、おろししょうがをのせる。

切り身魚は野菜と一緒にだしで煮ると、栄養バランスがよくなり、手のかからないメイン料理に。焼くよりかんたん。

ひと鍋で早煮 | だしで煮る

かぶとさわらの さっと煮

ふんわりしたさわらと
だし汁たっぷりのかぶは、
さっと煮たとは思えない味。
他の魚でも作ってみたくなる
おいしさです。

炒めてだしで煮る

具を炒めてから、だしで煮ると
だしの香りの中にも軽いコクがのり、
上品なのに、ご飯がすすむおかずになります。
煮る前にさっと炒めるから、
煮くずれしにくく、
味の含みもよくなります。
だしに肉や野菜の香ばしさが
煮溶けた煮汁は
飲み干したくなるおいしさ。
だしの香りに箸がすすみます。

ひと鍋で早煮 | 炒めてだしで煮る

3 残りの具を加えて煮る

2 だし汁と調味料を入れ

1 具を炒める

炒め煮は、野菜を炒めてから肉を加えて煮るだけ。
肉を先に炒める場合も。炒め油はごま油で。
香りとコクが加わり、おかず感が出ます。

かぶと豚肉の さっと煮

とろりとしたかぶに、
だしと豚肉の
うまみがたっぷり。
香り豊かで
ぜいたくな味に。

材料（2人分）と下処理

かぶ…2～3個（正味200～300g）
　▶皮をむき、4～6等分のくし形に切る
豚ロース薄切り肉（しゃぶしゃぶ用）
　…150g
だし汁…200㎖
うす口しょうゆ…大さじ1
ごま油…小さじ1

1 かぶを炒めて煮る

ごま油でかぶをさっと炒める。だし汁、うす口しょうゆを加えてふたをし、煮立ったら10分煮る。

2 豚肉を加えて煮る

かぶが煮えたら豚肉を加え、火が通るまでさっと煮る。器に盛り、あれば紅しょうがの薄切りをのせる。

豚肉は、湯ぶり（沸騰した湯に豚肉を入れ、表面が白くなったら引き上げる）してから煮ると、煮汁がきれいに澄んだ味になります。

冬瓜と鶏だんごのさっと煮

和食の本格煮ものも
冬瓜を一口大に切れば
さっと作れます。
鶏肉の上品なうまみで、
だしがひときわおいしく。

ひと鍋で早煮 | 炒めてだしで煮る

材料(2人分)と下処理

冬瓜…¼個(正味400g)
　▶一口大に切る
〈鶏だんごのたね〉
　鶏ひき肉…200g
　玉ねぎ(みじん切り)…40g
　れんこん(みじん切り)…20g
　しょうが(みじん切り)…2〜3g
　片栗粉…小さじ1
　塩、ごま油…各小さじ½
　▶なじむまで練り混ぜる

ごま油…小さじ1
だし汁…200ml
うす口しょうゆ…大さじ1

1 冬瓜を炒めて煮る

ごま油で冬瓜をさっと炒める。だし汁、うす口しょうゆを加えてふたをし、煮立ったら10分煮る。

2 途中、鶏だんごを加えて煮る

冬瓜がやわらかく煮えたら、たねをスプーンで一口大に形をととのえながら加える。鶏だんごに火が通ったら火を止める。器に盛り、好みの青み野菜を飾る。

冬瓜は、皮を厚めにむいて炒めると青臭さが抜けるので、下ゆで不要。
鶏だんごは冬瓜がやわらかくなってから加えるとふんわり煮えます。

玉ねぎ、れんこん、鶏肉の炒り煮

とろりと甘い玉ねぎ、食感のいいれんこんが、香ばしい鶏肉を引き立てます。

材料(2人分)と下処理

玉ねぎ(中)…2個(正味450g)
▶4〜6等分のくし形切り
れんこん…100g(正味)
▶1cm幅の半月切り
鶏もも肉…1枚(300g)
▶塩、こしょうをふる
ごま油…小さじ1
だし汁…200mℓ
うす口しょうゆ…大さじ1

1 鶏肉を焼いて野菜を炒める

鍋にごま油を熱し、鶏肉の皮目を下にして入れて焼く。皮目が香ばしく焼けたら取り出し、玉ねぎ、れんこんをさっと炒め、だし汁、うす口しょうゆを入れる。

2 鶏肉を戻し入れて煮る

鶏肉は皮目を上にしてのせ、ふたをして10分煮る。鶏肉を食べやすく切って玉ねぎ、れんこんとともに器に盛る。刻んだ青ねぎ適量をのせ、あればクコの実をあしらう。

鶏肉は切らずに焼いてから煮ることでうまみが残り、ジューシーに煮あがります。

ごぼうと牛肉のさっと煮

材料(2人分)と下処理

- ごぼう…2本(160g)
  - ▶皮をこそげ、長めの斜め薄切り
- 牛こま切れ肉…120g
  - ▶食べやすく切る
- 春菊…½束(50g)
  - ▶半分に切る
- A
  - だし汁…50ml
  - 砂糖…大さじ1
  - しょうゆ…大さじ2

1 牛肉を炒りつけてごぼうを煮る

鍋にAを入れて煮立ったら、牛肉を入れて炒りつける。牛肉の色が変わったら、ごぼうを加えて全体をざっと混ぜてふたをし、時々混ぜながら5分煮る。

2 春菊を加えて煮る

ごぼうが煮えたら、春菊を加えてさっと煮る。器に盛りつけ、粉山椒をふる。

ごぼうはスライサーで斜め薄切りにすると切るのもラクで厚さが均一になり、味に野趣が残ります。
牛肉は濃い味で炒りつけてから煮ると、味がきちんと入り、生臭みが消えるため、おいしくなります。

ひと鍋で早煮 | 炒めてだしで煮る

こま切れ肉でも、
牛肉と合うほんのり甘辛い
味つけにすると、
ごぼう、春菊の香りが生き、
上品な煮ものに。

炒めて甘辛く煮る

和食のおかずといえば、
甘辛味のさっと煮。
しょうゆ、酒以外の水分を入れずに
野菜自体の水分と煮るから、
野菜の甘み、うまみが引き出され、
ぼやけずにしっかり味が決まります。
コクのある煮ものは
ご飯ってこんなにおいしかった？
と、思わずお代わりする味に。

ひと鍋で早煮 | 炒めて甘辛く煮る

1 砂糖としょうゆで具を炒める

2 ふたをして煮る

和食おかずの基本
甘辛煮は、
砂糖大さじ1、
しょうゆ、酒各大さじ2で
炒めて煮るだけ。
失敗しない黄金比率です。

じゃがいもと牛肉の甘辛煮

甘辛味がしみて
ほくほくしたじゃがいもは、
手近なごちそう。
牛こまのおいしさを
見直します。

ひと鍋で早煮 | 炒めて甘辛く煮る

材料(2人分)と下処理

じゃがいも(メークイン)…2個(300g)
▶2cm幅の輪切り
牛こま切れ肉…150g
▶食べやすく切る
さやいんげん…12本(70g)
▶へたを切る

ごま油…小さじ1
A | 砂糖…大さじ1
　 | しょうゆ、酒…各大さじ2

1 牛肉を炒める

鍋にごま油を熱して、牛肉を入れ、Aの調味料で炒める。

2 じゃがいもを加えて煮る

牛肉の色が変わったら、じゃがいもを加えてふたをし、15〜20分煮る。じゃがいもがやわらかくなったら、さやいんげんを加えてふたをして2〜3分煮る。

ARRANGE

玉ねぎとにんじんを加えれば、肉じゃがに。

調味料の水分しか入れないので、じゃがいもを大きく切りすぎないこと。火が入る前に焦げやすくなります。

きのこと牛肉の甘辛煮

牛肉のうまみが移ったきのこは、まるでステーキ。きのこは大きく切って食べごたえを出します。

1 牛肉を炒りつける

材料(2人分)と下処理

牛薄切り肉(すき焼き用)…180g
　▶半分の長さに切る
エリンギ…1パック(100g)
　▶4等分に切る
しいたけ…5枚
　▶石づきを除く
A｜砂糖…大さじ1
　｜しょうゆ、酒…各大さじ2

鍋にAを入れて火にかけ、煮立ったら牛肉を1枚ずつ広げながら入れ、炒りつける。

2 きのこを加えて煮る

牛肉の色が変わったら、エリンギ、しいたけを加え、強めの中火で煮る。きのこがしんなりとしたら火を止める。器に盛り、小口切りにした細ねぎを散らす。

うまみ豊富なきのこ類は、さっと煮え、煮る時間が短くても味が深まります。
きのこは水分が多いので、水分が出にくいように大ぶりに切り、強めの火でさっと煮ます。

ねぎと厚揚げの甘辛煮

材料(2人分)と下処理

長ねぎ…1本
　▶1cm幅の斜め切りにする
厚揚げ(絹)…2枚(180g)
　▶一口大に切る
A │ 砂糖…大さじ1
　│ しょうゆ、酒…各大さじ2

1 ねぎを炒りつける

鍋にAを入れて煮立たせ、ねぎを炒りつける。

2 厚揚げを入れて煮る

ねぎがやわらかくなったら、厚揚げを入れて中火で3分ほどふんわり煮る。器に盛り、七味唐辛子をふる。

厚揚げはねぎにのせて煮ると火の当たりがやわらかくなり、ふんわり煮えます。
厚揚げは味が入りにくいので、うす口しょうゆでなく、濃口しょうゆを使います。

ひと鍋で早煮 | 炒めて甘辛く煮る

とろりと甘辛い
ねぎがからんだ厚揚げは、
堂々メインのおかず。
厚揚げは、
ぜひなめらかな絹揚げで。

1 牛肉を炒りつける

鍋にAを入れて煮立たせ、牛肉を炒りつける。

2 ほかの具材を入れて煮る

牛肉の色が変わったら、にんじん、糸こんにゃくを加えてふたをし、3分煮る。にんじんに火が通ったら、ししとうを加え、混ぜながら水分をとばすように煮る。煮汁がほぼなくなったら煮あがり。器に盛り、黒七味をふる。

にんじん、牛肉、糸こんの甘辛煮

材料(2人分)と下処理

にんじん…120g
　▶細切り
牛こま切れ肉…120g
　▶食べやすく切る
糸こんにゃく…1袋(200g)
　▶ポリ袋に砂糖大さじ1とともに入れて手でもみ、2分おいて洗い、食べやすく切る
ししとう…8本
　▶竹串で数か所刺す
A｜砂糖…大さじ1
　｜しょうゆ、酒…各大さじ2

砂糖、しょうゆ、酒で牛肉を炒りつけてから煮ると、牛肉に味がしっかり入り、肉のうまみが溶けた煮汁をこんにゃくが吸い、おいしくできます。

ひと鍋で早煮 | 炒めて甘辛く煮る

牛肉と甘辛く煮ると、にんじんがいくらでも食べられそう。ししとうを入れると味が締まります。

水で煮る

だし汁を使わずに
水と削り節、切り昆布などのだし素材や、
水と少ない調味料で煮ると
食材の風味がストレートに楽しめ、
下ゆでも不要です。
この煮方は根菜や豆類向き。
余分な味を入れずに
キリッと仕上げると
素材本来のおいしさに
感動するはずです。

ひと鍋で早煮 | 水で煮る

1 材料を鍋に入れる

2 10〜20分煮る

しょっぱく煮る時には
水1カップに
削り節か切り昆布をひとつかみ、
うす口しょうゆ大さじ1で
煮るだけ。
甘く煮る時には、
水1カップに
塩小さじ½、はちみつ大さじ2で
煮るだけです。

たけのこの直かつお煮

味が入りにくいたけのこはしょうゆと削り節でしっかり煮て味を含ませます。

ひと鍋で早煮 | 水で煮る

材料（2人分）と下処理

ゆでたけのこ…1パック（300g）
　▶一口大の乱切り
水…200㎖
うす口しょうゆ…大さじ1
削り節…ひとつかみ（約5g）

1 材料を鍋に入れる

すべての材料を鍋に入れ、ふたをして火にかける。

2 煮る

煮立ったら、15分煮る。器に盛り、あれば木の芽適量をあしらう。

MEMO

たけのことかつおの相性のよさがダイレクトに伝わる煮方です。
ちくわや油揚げをプラスすると、ボリュームアップしておかず感が出ます。

たけのこの水煮を使う時には、水からゆでて1回煮こぼすと、だしと味が入りやすくなります。
たけのこは味が入りにくいので、だしのあるなしにかかわらず、しっかりした味つけで煮るとおいしく煮えます。

キリッと味つけして、しゃきっとした
れんこんの食感が気持ちいい。
かつおの香りも鮮やか。

れんこんの直かつお煮

材料（2人分）と下処理

れんこん…200g
▶縦半分に切り、すりこぎでたたいて食べやすい大きさに割る

水…200ml
うす口しょうゆ…大さじ1
削り節…ひとつかみ（約5g）
絹さや…5〜6枚
▶斜め細切り

1 材料を鍋に入れる

絹さや以外の材料を鍋に入れ、ふたをして火にかける。

2 煮る

煮立ったら、15分煮る。煮あがり直前に絹さやを入れ、さっと煮て火を止める。

れんこんはたたくと、削り節も味もからみやすくなります。れんこんは皮をよく洗ってむかずに煮てもよい。

ひと鍋で早煮｜水で煮る

こんにゃくの直かつお煮

こんにゃくの食感がクセになる。うす口しょうゆで煮るので、こんにゃくの風味が楽しめます。

材料（2人分）と下処理

こんにゃく…1枚（200g）
▶半分に切って1cm幅の斜め薄切りにし、ポリ袋に砂糖大さじ1とともに入れ、手でもみ、2分おいて洗う
水…200㎖
うす口しょうゆ…大さじ1
削り節
…ひとつかみ（約5g）

1 材料を鍋に入れる

すべての材料を鍋に入れ、ふたをして火にかける。

2 煮る

煮立ったら20分ほど、煮汁がほぼなくなるまで煮る。器に盛り、あれば小口切りの赤唐辛子を飾る。

味が入りにくいこんにゃくは、断面積の大きいそぎ切りにすると、味のしみこみがよくなります。

材料(2人分)と下処理

- じゃがいも(メークイン／大)…1個(200g)
  ▶ 一口大に切る
- 切り昆布(乾燥)…10g
  ▶ 袋の表示通りに水でもどす
  (もどした状態で約50g)
- 水…200ml
- うす口しょうゆ…大さじ1

ARRANGE
じゃがいもの代わりに切り昆布と相性のいいかぶ、長いも、にんじんでも。

1 材料を鍋に入れる

すべての材料を鍋に入れ、ふたをして火にかける。

2 煮る

煮立ったら15分ほど、じゃがいもがやわらかくなるまで煮る。器に盛り、細ねぎの小口切りをのせる。

じゃがいもと切り昆布煮

舌でつぶれるほどにしっとりとやわらかいじゃがいもにうっとり。

じゃがいもはほろほろするまで煮てもおいしいので、昆布がとろっとするまで火を通しても。

ひと鍋で早煮｜水で煮る

材料（2人分）と下処理

ゆで大豆…1カップ（150g）
切り昆布（乾燥）…10g
　▶袋の表示通りに水でもどす
　（もどした状態で約50g）
水…200ml
うす口しょうゆ…大さじ1
たらこ…½腹（30g）
　▶縦に切り込みを入れる

MEMO

乾物から煮た豆類の香りは格別。思い立ったらその日に豆料理が作れる大豆のもどし方をご紹介します。

1　大豆をさっと洗う。厚手の鍋に大豆の重量の5倍量の湯を沸かして大豆を入れ、ふたをして1時間おく。
2　豆がしっかりもどったらそのまま中火にかけ、沸いたら火を弱め、アクを取りながら豆がやわらかくなるまでゆでる。途中、豆が煮汁から出ないように様子をみて水を足す。

1 材料を鍋に入れる

たらこ以外の材料を鍋に入れ、ふたをして火にかける。

2 煮る

煮立ったら20～30分、煮汁がほぼなくなるまで煮る。煮あがりの直前にたらこを入れ、半生で火を止める。器に盛りつけ、混ぜながらいただく。

大豆と切り昆布煮

たらこをくずしながら、どうぞ。ご飯のおかずはもちろん、おつまみにも。

大豆はうす口しょうゆで味つけし、豆の甘みを引き出し、色を生かします。

はちみつと塩で引き出した
かぼちゃの自然な甘みは
食べ飽きないおいしさ。

かぼちゃの塩みつ煮

材料(2人分)と下処理

かぼちゃ…1/8個(250g)
　▶皮つきのまま、2cm幅に切る
水…200㎖
塩…小さじ1/2
はちみつ…大さじ2

ARRANGE

はちみつの代わりに砂糖を使う時には、大さじ1の分量で。かぼちゃと一緒にドライフルーツ(レーズン、クランベリーなど)を入れて煮ても。

1 材料を鍋に入れる

すべての材料を鍋に入れ、ふたをして火にかける。

2 煮る

煮立ったら、火を弱め、かぼちゃがやわらかくなるまで10分ほど煮る。器に盛り、あれば刻んだくるみと粗びき黒こしょうをかける。

かぼちゃやさつまいもなど自然の甘みが強い野菜は、だし汁を使わずに煮て風味を生かします。

ひと鍋で早煮 | 水で煮る

材料（2人分）と下処理
さつまいも…1本（200ｇ）
　▶皮つきのまま、1cm幅の
　　輪切りにする
水…200mℓ
塩…小さじ½
はちみつ…大さじ2

1 材料を鍋に入れる

すべての材料を鍋に入れ、ふたをして火にかける。

2 煮る

煮立ったら、火を弱め、さつまいもがやわらかくなるまで10分ほど煮る。器に盛り、あればレモンの皮の細切りを飾る。

さつまいもの塩みつ煮

皮つきで甘く煮たさつまいもは、彩り華やか。おべんとうのすき間おかずにも重宝します。

さつまいもは火の通りが早いので、煮すぎないように。りんごやレモンと一緒に煮るとあっさり。

肉や魚と野菜を重ねて
ほったらかしで煮るだけで、
ごちそう風のメイン料理に。
うまみと甘みが出る
玉ねぎか長ねぎを下にしき、
野菜、肉、魚を重ねると
火のあたりもやわらかに。
一見、水分が少ないようでも
煮ているうちに野菜から水分が出て、
ちょうどよく。煮ている間は弱火で
沸騰している状態を保ちます。
かたい野菜に火が通ったら、できあがり。
炒めもののように手がかからず、
煮ることで味に深みが出るので、
ご飯やパンのおかずになります。

重ねて煮る

ひと鍋で早煮 | 重ねて煮る

1 鍋に具を重ねる

2 調味料を入れて10分煮る

重ね煮は、玉ねぎか長ねぎをしき、
野菜、肉、魚を重ねて煮るだけ。
おかずにボリュームが出ます。
同じ具でも味つけ次第で、
和風、洋風に変わるので、
レパートリーも手軽に増えます。

鶏肉、トマト、かぼちゃの重ね煮

鶏肉は香ばしく焼いてから、だしで煮ると味が移り、いつもの野菜がかんたんに味わい深く変身。

ひと鍋で早煮 | 重ねて煮る

材料(2人分)と下処理

鶏もも肉…1枚(300g)
　▶8等分に切り、塩、こしょう各少々を
　　ふって小麦粉適量をまぶし、オリーブ
　　オイル大さじ½で両面を焼く
トマト…1個(150g)
　▶縦半分に切る
ピーマン…2個
　▶縦半分に切る
かぼちゃ…120g
　▶皮つきのまま、1cm幅に切る
玉ねぎ…1個(150g)
　▶4等分のくし形切り
だし汁…200㎖
うす口しょうゆ…大さじ1

1 鍋に具を重ねる

2 だし汁、うす口しょうゆを入れて10分煮る

ふたをして火にかけ、煮立ったら火を弱め、かぼちゃに竹串がスーッと通ったら火を止める。器に盛り、せん切りしょうがをのせる。

鶏肉は焼いてから煮ると、香ばしさが煮汁に溶け出して味が深まります。

じゃがいも、キャベツ、豚肉の重ね煮

ほろりと煮えた
じゃがいもが
豚肉のうまみを吸い、
和風シチューのような
やさしい味。

ひと鍋で早煮 | 重ねて煮る

材料(2人分)と下処理

豚肩ロース肉(とんカツ用)…2枚(300g)
　▶3等分に切り、塩、こしょう各少々をふって小麦粉適量をまぶし、オリーブオイル大さじ½で両面を焼く

キャベツ…250g
　▶ざく切り

じゃがいも(メークイン)…1個(180g)
　▶1cm幅の輪切り

玉ねぎ…1個(150g)
　▶6等分のくし形切り

だし汁…200ml

うす口しょうゆ…大さじ1

1 鍋に具を重ねる

2 だし汁、うす口しょうゆを入れて10分煮る

ふたをして火にかけ、煮立ったら火を弱め、じゃがいもがやわらかく煮えたら火を止める。器に盛り、三つ葉など好みの青み野菜をのせ、溶きがらしを添える。

豚肉は小麦粉をまぶしてから焼くとかたくなりにくく、味がからみやすくなります。

材料(2人分)と下処理

レモンの輪切り…2枚
　▶皮はわたまでむく
甘塩鮭…2切れ(150g)
ブロッコリー…60g
　▶小房に切る
しいたけ…2枚
　▶石づきを除く
にんじん…30g
　▶薄切り
玉ねぎ…1個(150g)
　▶1cm幅の輪切り
オリーブオイル、酒…各大さじ1
塩…ふたつまみ

1　鍋に具を重ねる

2　オリーブオイル、酒、塩を入れて10分煮る

ふたをして火にかけ、煮立ったら火を弱め、具材に火が通ったら、火を止める。

重ね煮に向いているのは、青魚より鮭やさわら、鯛などの白身魚。酒の代わりに白ワインを使うと、洋食感が出ます。

ひと鍋で早煮 | 重ねて煮る

ブロッコリーと鮭の重ね煮
レモンの香り

重ね煮にすると、魚がふんわり。
野菜と一緒にあっさり
食べられる洋風の魚料理は、
肉料理よりかんたん。

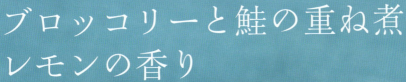

あっさりとしたすき焼き風。とろりと溶けた甘辛味のねぎが牛肉、豆腐にからみます。

焼き豆腐、きのこ、牛肉の重ね煮

材料（2人分）と下処理

牛薄切り肉…150g
ひらたけ…1パック（100g）
　▶食べやすくほぐす
焼き豆腐…1丁（250g）
　▶8等分に切る
長ねぎ…1本
　▶7mm幅の斜め切り
砂糖…大さじ1
しょうゆ…大さじ2
卵…2個

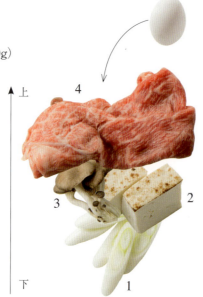

1 具材を鍋に重ねる

2 砂糖、しょうゆを入れて10分煮る

時々混ぜながら煮る。牛肉が煮えてきたら、鍋の真ん中にくぼみを作り、卵を割り入れ、半熟に火を通す。器に盛り、粉唐辛子（中びき・韓国産）をふる。

長ねぎの青い部分は一緒に煮ると、彩りがよくなり、とろりと煮えます。捨てないで有効活用を。

フライパンひとつで
メインと焼き野菜

家族の食事時間がそろわない。
今日は一人でごはんを食べる。
仕事が忙しかったり、子どもが大きくなると
意外にそんな日は多いものです。
でもそのたびに、温め直していたら、
肉や魚はかたくなり、
料理がおいしくなくなっていきます。
そんな時に、材料だけ切り出しておいて
フライパンで焼くだけの料理は
作る人にとって重宝なだけでなく、
できたて熱々で、おいしく食べられます。
主菜の肉や魚と副菜の野菜を一緒に焼くから、
調理は手軽。あとはご飯かパンを
添えれば食事になります。食べる人に
合わせて、少し材料を変えても喜ばれます。

肉・魚はパターンを知って焼き上手

たんぱく質食材である肉や魚は、ちょっとしたコツを知っておくだけで、ふんわりおいしく焼きあがります。調理は焼くだけとかんたんなのに、おいしく焼けると食べる人に喜ばれるごちそう級の味。覚えておいて損はありません。

1 焼く前の温度

厚みのある肉は、焼く前にしっかり常温にもどしておきます（写真左）。焼いた時に中心まで早く均一に火が入ります。薄い肉や切り身魚は、焼く直前に冷蔵庫から出します（写真右）。

2 塩をふるタイミング

肉は焼く直前に塩をふると、うまみが逃げません。脂の多い肉は多めに塩をふると、脂がきれておいしく焼けます（写真左）。赤身の牛肉は焼く前に塩はふらず、焼いてから味つけするのがおすすめです。

魚は焼く10〜20分前に塩をふります（写真右）。余分な水分が生臭みとともに出るのでしっかり拭き取ります。臭みが抜けてうまみが増し、香りよく焼きあがります。

フライパンでいつもできたて 1〜2人分ごはん

フライパンは底面が広いため、主菜の肉や魚と、副菜の野菜を同時に調理できます。食べやすく切ると火の通りが早くなり、時短にもなります。食材の組み合わせは、火の通り具合より、味の相性優先で。かたい野菜は薄く切る、焼けたものから器に盛るなどすれば、気がラクです。野菜は、アクのあるほうれん草や水分が出る白菜でなければ、たいていは一緒に調理できます。

フライパンひとつで、メインと焼き野菜

3 脂が少なければ、粉をまぶして焼く

脂の少ない肉・魚

肉・魚は加熱しすぎるとかたくなります。その加熱の進み具合をゆるやかにするのが、脂と粉です。脂が少ない肉や魚は加熱するとパサつきやすいので、小麦粉か片栗粉をまぶして焼くと、そのまま焼くより水分が保たれ、ふんわりと焼けます。粉類をまぶして焼くことで調味料がからみやすくなります。

脂の多い肉・魚

一方、脂が多い肉や魚は、小麦粉や片栗粉をまぶさずに、油を少なめか、または使わずに。自身から出る脂で香ばしく焼きます。その焼き目に調味料がからみやすくなります。
たとえばさばなら、脂ののっている時期は粉をまぶさずに香ばしく焼き、脂の少ない時期は粉をまぶして身をふんわりと焼きます。

4 加熱しすぎない

脂の少ない肉・魚

鶏むね肉やさわらなどは、冷たいフライパンに油、肉を入れてから火にかけ、7割がた焼いたら、裏返して1〜2分で火を止め、余熱で火を通します。肉の温度がゆっくりと上がっていくのでふんわりと火が入り、うまみが引き出されます。休ませる時間で肉が落ち着くので、肉汁が流れ出ずにジューシーに焼きあがります。薄切り肉や小さく切った肉の場合は、火が通りやすいので焼きすぎないようにします。

脂の多い肉・魚

高温に熱したフライパンで表面を焼き、香ばしい焼き色がついたら火を弱め、中まで余熱で火を入れます。脂が多い肉や魚は、加熱で身がかたくなりにくいといっても、焼きすぎれば、肉汁が流れ出てかたくなります。様子をみながら火を止めます。

和の王道おかず・鶏の照り焼きは、焼いてみりん2：うす口しょうゆ1で味つけするだけ。間違いなくおいしくできます。

鶏肉の照り焼き焼き野菜と

フライパンひとつで、メインと焼き野菜 ｜ 鶏もも肉

材料(2人分)と下処理

A ┃ 鶏もも肉…1枚(300g)
　┃ ▶8等分に切って塩小さじ½、こしょう少々、小麦粉適量を両面にまぶす
　┃ ピーマン(緑・赤)…計2〜3個
　┃ ▶縦半分に切る
　┃ れんこん…80g
　┃ ▶1cm幅の半月切りにする

ごま油…大さじ1
みりん…50㎖
うす口しょうゆ…25㎖
粉山椒…少々

1 鶏もも肉と野菜を焼く

フライパンにAを並べ入れてごま油を回しかけ、ふたをして火にかける。鶏肉に8割がた火が通ったら、裏返してふたをせずさらに2分焼く。

2 味つけする

みりん、うす口しょうゆを入れ、鶏肉や野菜にからめながら煮つめ、たれがとろりとしたら、火を止める。器に盛り、粉山椒をふる。

MEMO みりんとうす口しょうゆを合わせた照り焼きだれは、鶏肉、豚肉はもちろん、ぶり、さば、鮭など好みの肉や魚の味つけに役立ちます。

ARRANGE

レモンとにんにくで洋風に

鶏肉のにんにくレモンソテー

材料(2人分)と作り方
鶏もも肉1枚は10等分に切り、塩小さじ½、つぶした黒粒こしょう6〜8粒分、おろしにんにく少々、小麦粉適量をまぶす。フライパンに入れ、にんにくの薄切り5〜6枚を入れ、オリーブオイル大さじ1をかけ、「照り焼きの1」と同じように焼く。器に盛り、リーフレタスとレモンのくし形切り各適量を添える。

鶏皮をカリッと仕上げたいので、裏返したら、ふたはせずに焼きます。

鶏肉の塩焼き 梅おろしと

片面をしっかりと焼いてから、青ねぎをのせてさっと蒸し焼きに。鶏むね肉の上品なうまみがストレートに楽しめます。

材料(2人分)と下処理

鶏むね肉…1枚(300g)
▶ 皮／身からはがして塩適量をふり、フライパンでカリカリに焼く。出た脂はそのままおく
　身／2cm幅のそぎ切りにし、塩、こしょう各少々を両面にふり、小麦粉適量をまぶす

青ねぎ…1〜2本(100g)
▶ 3cm幅の斜め切りにする

梅おろし…適量
▶ 汁けを軽く絞った大根おろし60gと、種を取り、包丁でたたいた梅干し1個分を混ぜる

1 鶏肉を焼く

鶏皮を焼いたフライパンに鶏肉を並べ入れ、ふたをして焼き、8割がた火を通す。

2 野菜を入れて焼く

鶏肉を裏返して青ねぎをのせ、再度ふたをして、青ねぎがしんなりとしたら、器に盛る。梅おろしを添え、焼いた鶏皮をのせる。

ARRANGE

トマトとバジルで洋風に

鶏肉のソテー フレッシュトマトソース

材料(2人分)と作り方
鶏むね肉1枚(300g)は、「鶏肉の塩焼きの1」と同じように焼く。器に盛り、フレッシュトマトソース(P121参照)をかけ、焼いた皮をのせ、あればバジルの葉を飾る。

鶏むね肉は皮を除くと火が均一に入りやすくなります。
カリカリに焼いた鶏皮は、別の器に盛れば、立派なおつまみに。塩をきかせるとおいしく焼けます。

1 豚肉とかぼちゃを焼く

フライパンに豚肉とかぼちゃを並べ入れ、ふたをして火にかける。

材料(2人分)と下処理

豚肩ロース肉(とんカツ用)
　…2枚(300g)
　▶塩小さじ½、こしょう少々を
　　両面にふる
かぼちゃ…120g
　▶7mm幅に切る
ミニトマト…20個(120g)
あさつき(小口切り)、
　ポン酢しょうゆ…各適量

2 かぼちゃに火を通す

豚肉は4分焼いたら裏返し、ミニトマトを加え、ふたをして3分焼く。かぼちゃに火が通ったら、火を止める。豚肉を食べやすく切り、かぼちゃとミニトマトとともに盛り合わせ、あさつきを散らして、ポン酢しょうゆをかけていただく。

ARRANGE

ローズマリーとにんにくで洋風に

豚肉のハーブソテー

材料(2人分)と作り方

豚肩ロース肉(とんカツ用)2枚(300g)は塩小さじ¼、こしょう少々を両面にふり、おろしにんにく少々をこすりつける。フライパンにオリーブオイル大さじ½を熱し、豚肉、1cm幅の輪切りにして塩少々をまぶしたズッキーニ100g、ローズマリー(生)少々を入れてふたをして焼く。4分焼いたら裏返し、もう一度ふたをして3分焼く。

一緒に焼く野菜は肉と同じくらいの時間で焼けるように切ります。かぼちゃは7mm幅に切るのがいい感じ。

フライパンひとつで、メインと焼き野菜 | 豚肩ロース肉

焼くとジューシーで
うまみあふれる豚肩ロース肉は、
焼いたかぼちゃ、
トマトの甘みにぴったり。

豚肉のステーキ
ポン酢風味

1 鮭、ねぎを焼く

フライパンにごま油を熱して鮭、長ねぎを入れて香ばしく焼く。

材料(2人分)と下処理

生鮭…2切れ(200g)
　▶塩少々をふって10分おき、
　　3等分に切り、小麦粉適量をまぶす
長ねぎ…1本
　▶5cm長さに切る
ししとう…8本
　▶竹串で数か所刺す
ごま油…大さじ1
みりん…50mℓ
うす口しょうゆ…25mℓ
柚子の果汁…大さじ1

2 ししとうを入れ、味つけする

鮭が焼けたら裏返し、ししとう、みりん、うす口しょうゆを入れ、からめながらとろりと煮つめる。柚子の果汁を加え、火を止める。器に盛り、あれば菊の花適量を飾る。

ARRANGE

タルタルソースで洋風に

鮭のソテー　タルタルソースと

材料(1人分)と作り方

生鮭1切れ(100g)は塩少々をふって10分おき、小麦粉適量をまぶす。フライパンにオリーブオイル大さじ½を熱し、「鮭の幽庵焼きの1」と同様に焼き、裏面も焼く。器に盛り、クレソン、タルタルソース(P126参照)を添える。

本来の幽庵焼きは、幽庵だれに漬けてから焼きますが、魚に小麦粉をまぶして焼いてから、たれをからめたほうが柑橘の香りよく仕あがります。

フライパンひとつで、メインと焼き野菜 | 鮭

鮭の幽庵焼き

たれに漬けずに焼くから時短。
鮭を焼いてから、みりん、しょうゆ、
柚子果汁を順にからめれば、
和食の王道の焼き魚に。

さばのしょうゆ焼き

しょうゆは香ばしく煮立たせて
ご飯がすすむ焼き魚に。
キリッとしたしょうゆ味が
さばを引き立てます。

フライパンひとつで、メインと焼き野菜 | さば

材料(2人分)と下処理

A
- さば(1尾分・三枚におろしたもの)…200g(正味)
  ▶塩少々をふって10分おいて小骨を抜き取り、皮に十字に切り目を入れ、小麦粉適量をまぶす
- なす…1本
  ▶縦半分に切り、皮に細かく斜めの切り込みを入れ、長さを半分に切る
- エリンギ(小)…2本(50g)
  ▶縦半分に切る
- みょうが…1本 ▶縦半分に切る

サラダ油、しょうゆ…各大さじ1

1 さばと野菜を焼く

フライパンにサラダ油を熱してAを入れ、ふたをして焼く。

2 味つけする

香ばしく焼けたらそれぞれ裏返し、すべての具材に火が通ったら、しょうゆを回し入れ、味をからめて、火を止める。器に盛り、あれば半分に切ったすだち1個分を添える。

ARRANGE

カレー粉で子ども好みに

さばのカレー焼き

材料(2人分)と作り方

さば(1尾分・三枚におろしたもの)200g(正味)は塩少々をふって10分おき、小骨を抜き取り、皮に十字に切り目を入れ、カレー粉小さじ2を全体にまぶして小麦粉適量をまぶす。フライパンにオリーブオイル大さじ1を熱し、さば、皮をむいて半分に切ったアスパラガス2本分(正味70g)、横に1.5cm幅に切った紫玉ねぎ60g、ミニトマト150gを入れ、ふたをして焼く。裏返してからはふたをしないで焼き、具材に火が通ったら、器に盛り、レモン適量を添える。

魚は皮目からふたをして焼き、火を通しながら、皮を香ばしく焼きます。
パリッとした皮がしんなりしないように、裏返したあとはふたはしないで焼きます。

1 あじと野菜を焼く

フライパンにサラダ油を熱してあじを皮目を下にして入れ、Aを並べ入れ、ふたをして焼く。

材料(2人分)と下処理

あじ(2尾分・三枚におろしたもの)
　…140g(正味)
　▶塩少々をふって10分おき、小骨を抜き取って小麦粉適量をまぶす

A ｜ じゃがいも(メークイン)…70g
　　▶5mm幅の輪切りにする
　｜ ゴーヤー…50g
　　▶ワタと種を除き、縦6等分に切る

〈しょうが割り酢〉
　だし汁、うす口しょうゆ、酢
　　…各大さじ1
　おろししょうが…少々
サラダ油…大さじ1
青じそ…2枚

2 焼けたら器に盛る

香ばしく焼けたものから裏返し、火が通ったものから、青じそをしいた器に盛る。合わせておいたしょうが割り酢をつけていただく。

ARRANGE

ケチャップで子ども好みに

あじのソテー トマトケチャソース

材料(2人分)と作り方

あじ(2尾分・三枚におろしたもの)140g(正味)は塩少々をふって10分おき、小骨を抜き取り、小麦粉適量をまぶす。フライパンにオリーブオイル大さじ1を熱し、あじを入れ、ふたをして途中上下を返して焼く。器に盛り、サラダ菜少々を添え、トマトケチャソース(P126参照)をかける。

あじ、さばなどの青魚の味つけは、しょうゆ、ケチャップなど、クセをマスキングする調味料で、しょうが、わさび、梅干し、青じそなどの香り豊かな薬味野菜を合わせるのがおすすめです。

フライパンひとつで、メインと焼き野菜 | あじ

香ばしく焼き、あっさりとした味つけであじのやわらかい身の風味と脂の香りを生かします。

あじの塩焼き しょうが割り酢

もう1品のおかずこそ、冷蔵庫の残りもので、時間をかけずに作ります。手をかけない分、かえって食材の持ち味が生きるという料理も。このブロックはそんな料理を集めました。夜遅めに食べる日や、軽いおかず2〜3品で食事を済ませたい日にも大助かり。結果、冷蔵庫の中の食材も、回転がよくなります。

かんたんとおいしいは、両立する！

ささっと軽いおかず

ささっと軽いおかず ｜ 切ってつける、混ぜるだけ

しょうがの香りで引き立つトマトの甘み。
薄く切ると、口当たりよく軽やか。

トマト
しょうがじょうゆ

材料(2人分)と作り方

⃝ 切る → トマト1個は薄切りにする。

↓

⃝ かける → おろししょうが適量を添え、しょうゆ適量をかける。

丸い形の野菜や根菜は、薄く切ると軽い口当たりに。

切ってつける、混ぜるだけ

切りたてのかぶは、なめらかでやわらか。からしの香りが合います。

かぶ からしじょうゆ

材料(2人分)と作り方

切る → かぶ1個は葉を少し残して皮をむき、10〜12等分のくし形切りにする。

かける → 溶きがらし適量を添え、しょうゆ適量をかける。

＊塩もみより手軽。しばらくおいてから食べても美味。

のりレタス

材料(2人分)と作り方

ちぎる → レタス⅓個（120ｇ）は食べやすくちぎって冷水にはなし、パリッとさせる。焼きのり1枚は大きめにちぎる。

混ぜる → レタスの水けをきってボウルに入れ、ごま油、うす口しょうゆ各大さじ1、焼きのりを加えてさっと混ぜる。

レタスのパリッとした食感や香りは家で作ってこそ楽しめる。のりが絶妙に合います。

ささっと軽いおかず｜切ってつける、混ぜるだけ

紅白なます

材料(2人分)と作り方

(切る) 大根80ｇはスライサーで薄くスライスしてから包丁でせん切りにする。にんじん10ｇも同様に切り、器に盛る。

(かける) 砂糖、酢各大さじ1、塩小さじ¼を混ぜて野菜にかける。あれば木の芽適量をのせる。食べる時によく混ぜる。

＊野菜を細く切ると、塩もみしなくても味がしみます。

切って家にある調味料と混ぜるだけ。華やかでさっぱりとして、どんなおかずとも合います。

きゅうりはきれいに見え、みそをのせやすい形に切ります。甘い白みそに山椒の香りをきかせて。

きゅうり山椒みそ

材料(2人分)と作り方

(切る) きゅうり1本は皮をしま目にむいて、長めの乱切りにする。

(つける) 白みそ60ｇ、包丁でつぶしたゆで実山椒（市販）、砂糖各大さじ½、いりごま（白）大さじ1、みそ小さじ1を混ぜて添え、きゅうりにつけていただく。

貝割れ菜梅マヨ

材料（2人分）と作り方

- 切る：貝割れ菜1パックは根元を切り、器に盛る。
- 混ぜる：梅肉小さじ¼、マヨネーズ大さじ1を混ぜて貝割れ菜に添え、糸かつお少々をのせる。食べる時に混ぜる。

ほんのり辛みのある貝割れ菜にまろやかなマヨネーズを。梅の酸味で味が締まります。

温泉卵にフレーバーソルト

温泉卵にフレーバーソルトとパセリをかけるだけ。肉料理とともに。ちょっとしたおつまみに。

材料（2人分）と作り方

- 割る：器に温泉卵（市販）1個を割り入れる。
- 混ぜる：ワイン塩などのフレーバーソルト（市販）、パセリ（みじん切り）各少々をのせ、混ぜていただく。

ささっと軽いおかず ｜ 切ってつける、混ぜるだけ

じゃこ豆腐

材料(2人分)と作り方

じゃこはレンジを使うとカリカリに。
なめらかな豆腐にいいアクセント。
箸が止まりません。

○ **切る**
絹ごし豆腐½丁（200g）は半分に切って器に盛る。細ねぎ適量は小口切りにする。耐熱皿にちりめんじゃこ大さじ2、太白ごま油大さじ1を入れ、ラップをかけずに電子レンジに30秒かける。

↓

○ **かける**
豆腐にじゃこ、おろししょうが少々、細ねぎ、しょうゆ適量をかける。

たこは薄く切るだけで、
いつもと違うおいしさに。
まろやかなピリ辛だれでどうぞ。

ハニーコチュジャンたこ

材料(2人分)と作り方

○ **切る**
ゆでだこの足½本は、できるだけ薄く切る。みょうが（薄切り）少々、レタス（せん切り）適量とともに器に盛る。

↓

○ **つける**
コチュジャン、酢、はちみつ各大さじ1を混ぜて添え、つけていただく。

たこはごく薄切りにすると、口当たりがよく、おいしくなります。

卵黄が食欲をそそる！

具を入れて蒸すだけ。野菜が甘くなります。
野菜たっぷりだから、つい食べすぎても安心。

フライパンで蒸しサラダ

とろ〜り卵黄、
サクサクの揚げ玉に
ウスターソースをかければ、
しんなりキャベツがいくらでも。

巣ごもりキャベツソース味

主材料（2人分）
キャベツ…100g ▶せん切りにする
卵…1個

作り方

1. フライパンにキャベツを広げ、真ん中にくぼみを作り、そこに卵を割り入れる。太白ごま油小さじ1、塩ひとつまみ、水少々を加え、ふたをして中火にかけ、時々様子をみながらキャベツがしんなりとして卵が好みの半熟状になったら、火を止める。
2. 器に盛り、揚げ玉（天かす）、細ねぎ（小口切り）各少々を添え、ウスターソース適量をかける。食べる時によく混ぜる。

＊みずみずしい春キャベツで作る場合は、水を入れずに弱火で蒸して。

オイスターソース味でチンゲン菜のみずみずしさが際立ちます。ご飯にも合うおかず。

チンゲン菜としいたけのさっと蒸し

主材料（2人分）
チンゲン菜…1株（200g）▶縦6等分に切る
しいたけ…4枚 ▶石づきを取る

作り方

1 フライパンにチンゲン菜、しいたけを入れ、水大さじ2、太白ごま油小さじ1、塩ひとつまみを加え、ふたをして火にかける。チンゲン菜がくったりとするまで蒸し煮にする。

2 オイスターソース大さじ1/2を回し入れ、味をととのえる。

＊チンゲン菜の太い根元は火が通りにくいので、炒めるより蒸すほうがかんたん。

豚ポンもやし

主材料（2人分）
豚バラ薄切り肉…40g ▶食べやすく切る
もやし…1袋（200g）
青ねぎ…1本 ▶斜め薄切りにする

作り方

1 フライパンにもやしを入れて豚肉をのせ、水大さじ1、太白ごま油小さじ1、塩ひとつまみを加え、ふたをして火にかける。もやしがしんなりして豚肉に火が通ったら、青ねぎを加えてひと混ぜする。

2 器に盛り、一味唐辛子、いりごま（白）各少々をふり、ポン酢しょうゆ適量をかけていただく。

もやしは透明感が出るまで蒸すと青臭さが抜けてぐんとおいしく。ポン酢で豚肉をあっさりと。

蒸したブロッコリーは甘く、じゃがいもはほくほく。すぐできる野菜料理は、ありがたい。

ペペロンブロッコリーじゃが

主材料（2人分）
ブロッコリー…80g ▶小房に切る
じゃがいも（男爵）…1個（150g）
　▶半分に切り、5mm幅の薄切り
にんにく（薄切り）…1片分

作り方
フライパンにブロッコリー、じゃがいも、にんにくを入れ、水大さじ1、オリーブオイル大さじ2、塩ひとつまみ、あれば赤唐辛子（小口切り）少々を加え、ふたをして火にかける。時々様子をみながら、じゃがいもに火が通るまで蒸し煮にする。

しょうゆのいい香り！

炒めると、少しの油でもうまみがのり、
さっと作ったとは思えない食べごたえも出ます。

さっと炒めおかず

豆腐はふるふる、
にらもしんなり。
オリエンタルな香りで
ごちそう風の味に。
ご飯にのせても。

にら豆腐の XO 醬炒め

主材料（2人分）
木綿豆腐…½丁（200g）▶1.5cm角に切る
にら…80g ▶4cm長さに切る

作り方

1. フライパンに太白ごま油小さじ1を熱し、豆腐を炒める。
2. 全体に油が回ったら種を除いた赤唐辛子1本、XO醬、しょうゆ各大さじ1を加えて炒め、調味料がなじんだら、にらを加えてざっと炒める。

＊XO醬、しょうゆがなじむ間に香りが立ち、短時間でもおいしくなります。

かぶの葉、ベーコンの卵炒め

栄養があるかぶの葉は、ちゃんと使って彩りに。半熟の卵をソース代わりに。

主材料（2人分）
- かぶの葉…80g ▶4cm長さに切る
- かぶの身…1個 ▶5mm幅の薄切り
- ベーコン…2枚 ▶1.5cm幅に切る
- 溶き卵…1個分

作り方
1. フライパンを熱してベーコンを炒め、脂が出てきたら、かぶの身を入れて炒める。やわらかくなってきたら、葉を加えて炒める。
2. 全体がしんなりとしたら、うす口しょうゆ小さじ1、溶き卵1個分を回し入れ、手早く混ぜてすぐ火を止める。器に盛り、削り節少々をかける。

青豆バター炒め

透明感が出るまでしっかりと火を入れた豆の甘いこと。バターにかくし味のにんにくを。

主材料（2人分）
- 好みの青豆（今回はさやいんげん、スナップえんどう、モロッコいんげん）…合わせて200g ▶筋やへたがあるものは除き、食べやすく切る
- バター…10g
- おろしにんにく…少々

作り方
1. フライパンにすべての材料を入れてふたをして火にかける。時々様子をみながら、炒める。
2. 青豆類がやわらかくなったら、塩2つまみで味をととのえる。

にんじん明太子炒め

明太子の塩けでにんじんがおいしく。明太子は炒めすぎずに、余熱で火を入れ、しっとりと。

主材料（2人分）
- にんじん…80g ▶細切りにする
- 明太子…30g ▶薄皮をとる

作り方
1. フライパンに太白ごま油小さじ1を熱し、にんじんを炒める。
2. にんじんに火が通ったら明太子、うす口しょうゆ小さじ½を加え、炒め合わせる。器に盛り、いりごま（黒）少々をふる。

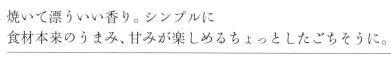

大胆に直焼き

焼いて漂ういい香り。シンプルに
食材本来のうまみ、甘みが楽しめるちょっとしたごちそうに。

焼いて料理屋風おかず

直火で皮を焦がして焼くから、
香ばしくほくほく、
ジューシーに。

焼きなす

主材料（2人分）
なす…2本

作り方
1. なすは直火で皮が焦げてしんなりするまで時々返しながら焼き、皮をむく（ガスがなければ、グリルでもよい）。
2. 食べやすく切って器に盛り、おろししょうが、削り節各少々をあしらい、しょうゆ適量をかけていただく。

焼き万願寺

主材料（2人分）
万願寺とうがらし…200g
▶竹串で数か所刺す

作り方

1 万願寺とうがらしはグリルで焼き目がついてしんなりするまで焼く。

2 ボウルにしょうゆ大さじ1、砂糖小さじ½、削り節少々を入れて1を入れ、よく混ぜる。

丸のまま焼くから、外側は香ばしく中はしっとり、甘みが増します。ピーマンでも同じように楽しめます。

焼きアボカド

主材料（2人分）
アボカド…1個
▶半分に切って種を取り、断面に縦4等分に切り込みを入れる

作り方
アボカドはグリルで表面をこんがりと焼く。わさび、しょうゆ各少々でいただく。

焼くとアボカドがとろりとまろやかに。相性のいいわさびじょうゆでキリッと味つけを。

焼きしいたけ

主材料（2人分）
しいたけ…適量
▶軸を除く

作り方
しいたけは、かさに軽く塩をしてグリルで焼く。しいたけから水分が少し出てきたら焼きあがり。すだち適量を搾っていただく。

＊しいたけは焼きすぎるとかたくなってしまうので、焼きすぎないこと。

ただ焼いただけでしいたけが香ばしく上品な一品に。好みの柑橘類を搾ってどうぞ。

焼きアスパラ

主材料（2人分）
グリーンアスパラガス…3本(100g)
▶根元のかたい部分を折り、皮をピーラーでむく

作り方
アスパラガスはグリルで好みの加減に焼き、金山寺みそ（市販）適量をつけていただく。

香ばしく焼くとうまみがのるアスパラ。味にパンチがある金山寺みそと合わせて。

焼き油揚げ

油揚げを焼くにはフライパンが一番。なんてことなさそうに見えてヘビロテの食べ飽きないおいしさ。

主材料（2人分）
油揚げ…60g
青ねぎ…1～2本 ▶斜め薄切り

作り方

1. フライパンを熱して油揚げを入れ、両面をこんがりと焼く。空いたところで青ねぎも一緒に焼く。
2. 油揚げはペーパータオルに取り出して余分な油を取り、食べやすく切り、ねぎとともに器に盛る。溶きがらし少々、青ねぎの小口切りを添え、しょうゆ少々をかける。

いかゲソ焼き

焼いたいかの香りは格別。外は香ばしく、中はふんわり。レモンの香りでさわやかに。

主材料（2人分）
するめいか…1杯（正味130g）
　▶胴から頭と足をはずし、胴は長めの短冊切りに、足は食べやすく切る

作り方

1. フライパンを熱していかを焼く。油はひかず、あまり動かさずに、焼き目がついたら裏返す。
2. 香りが立ったら、塩ふたつまみをふり、器に盛ってレモン適量を搾っていただく。

かけるだけサラダ かんたんあえもの

サラダやあえものにする野菜は、生か、さっと火を通すだけなので、炒めものより時短。
サラダは切った野菜に調味料をかけるだけに、難しそうに思える和のあえものは味つけを覚えやすい配合にしてかんたんにしました。
適当に作っても、多少うまくできなくてもできたての野菜の香りや食感は、出来合いのものでは味わえないおいしさ。
しかも健康によく、家計にやさしいといいことずくめです。

サラダは
野菜を盛り、
調味料をかけるだけ

ドレッシングを作らなくても
器に入れた野菜に
好みの柑橘果汁、
オリーブオイルやごま油などの
油をかけ、
塩やしょうゆをふれば
野菜の香りが生きたサラダに。

あえものは和のサラダ。
ノンオイルであっさり
野菜を生かします

調味料が覚えやすい配合だと
憧れのあえものも手軽にでき、
もう1～2品がすぐに作れます。
食卓が華やぎ、食事が豊かに。

家にある調味料をかけるだけサラダ

みずみずしい葉野菜を
オリーブオイルで軽やかに。

生野菜をたっぷり食べたい。そんな時には、野菜に調味料をかけて食卓で混ぜるだけのサラダをどうぞ。食べたい時にすぐ食べられます。

リーフレタスとツナのサラダ

材料（2人分）と作り方

1. 上から順に器に盛る
   - リーフレタス…3〜4枚（80g）
     ▶芯のかたい部分を取り、手でちぎる
   - ツナ（缶詰）…40g
     ▶缶汁はきる
   - 紫玉ねぎ（輪切り）…適量
   - オリーブ…8個〜好みの量

2. 上から順に回しかける
   - レモン汁…¼個分
   - オリーブオイル…大さじ1
   - しょうゆ…大さじ1

3. 混ぜてからいただく

味つけにしょうゆを入れると、生野菜サラダでもご飯に合うおかずに。

シャキシャキした大根と
やわらかな豆腐をいろいろな香りで。

細切り大根と豆腐の薬味サラダ

材料(2人分)と作り方

1. 上から順に器に盛る
   - 大根(せん切り)…100g
   - 木綿豆腐…½丁(200g)
     ▶1cm幅に切る
   - みょうが(小口切り)…1個分
   - 青じそ(せん切り)…5枚分
   - すりごま(白)…大さじ2
2. 上から順に回しかける
   - すだちの搾り汁…1個分
   - ごま油…小さじ1
   - しょうゆ…大さじ1
3. 混ぜてからいただく

穴子、水菜、温泉卵のサラダ

材料(2人分)と作り方

1. 上から順に器に盛る
   - 水菜…3株
     ▶4cm長さに切る
   - 焼き穴子(市販。照り焼き、煮穴子でもよい)…1本(60g)
     ▶4〜6等分に切る
   - 温泉卵(市販)…1個
2. 上から順にかける
   - 柚子の搾り汁…小さじ1
   - 太白ごま油…大さじ½
   - うす口しょうゆ…大さじ½
   - 焼きのり(ちぎる)…¼枚
3. 混ぜてからいただく

市販の穴子と温泉卵で
手軽においしいごちそうサラダに。

さっぱり味だから、箸休めや肉料理の
つけ合わせに。デザート代わりにも

ゆでさつまいもとりんごのサラダ

材料(2人分)と作り方

1. 上から順に器に盛る
   - さつまいも…½本(100g)
     ▶皮つきのまま1cm幅の輪切りにしてやわらかくゆでる
   - りんご…¼個
     ▶皮をむいて1cm角くらいに切り、さつまいもと一緒にゆでる
2. 上から順にかける
   - グレープフルーツの搾り汁…⅛個分
   - バター…10g
   - 塩…ふたつまみ
3. 混ぜてからいただく

とろりとしてコクのある温泉卵は具にからみやすいので、ソース代わりになります。

玉ねぎをすりおろしているから
うまみはあっても後味すっきり。

玉ねぎドレッシングを
かけるだけサラダ

わが家常備の「玉ねぎドレッシング」は、混ぜるだけで野菜はもちろん、肉や魚もおいしくしてくれます。

材料（作りやすい分量）と作り方はP126参照。

レタス、パプリカ、きゅうりのサラダ

材料（2人分）と作り方

1 上から順に器に盛る
- レタス（ちぎる）…3〜4枚（200g）
- 水菜…1株（30g）
  ▶4cm長さに切る
- きゅうり…½本
  ▶しま目に皮をむき、5mm幅の輪切り
- 紫玉ねぎ（薄い輪切り）…30g
- 赤・黄パプリカ（縦薄切り）…各少々

2 かける
- 玉ねぎドレッシング…大さじ3

3 混ぜてからいただく

玉ねぎドレッシングを温かい具と合わせる時は、具が熱いうちにかけると味のなじみがよくなり、しっとりします。

かけるだけサラダ かんたんあえもの | かけるだけサラダ

ゆでじゃがサラダ

しっとりとじゃがいもの風味にあふれた味。これだけでもおいしいと人気です。

材料(2人分)と作り方

1. 器に盛る
   - じゃがいも(男爵)…1個(150g)
   - ▶1cm角に切って鍋に入れ、ひたひたの水を注いでふたをし、やわらかくなるまでゆでる。湯をきり、ふたをせずに中火で鍋をゆすりながら水分をとばし、火を止め、マッシャーで軽くつぶす

2. かける
   - 玉ねぎドレッシング…大さじ2
   - レモンの皮(あれば国産。細切り)…少々
   - あればミントの葉…適量

3. 混ぜてからいただく

ブロッコリーとささみのサラダ

ささみは余熱で火を入れ、しっとりと。ゆでた肉が玉ねぎのコクでおいしく。

材料(2人分)と作り方

1. 器に盛る
   - ブロッコリー…½株(80g)
   - ▶小房にし、ゆでて湯をきる
   - 鶏ささみ…2本(100g)
   - ▶筋を除いて縦に切り目を入れて開く。ブロッコリーをゆでた湯を沸かしてささみを入れて火を止め、ふたをして5分おき、食べやすくほぐす

2. かける
   - 粒マスタード…適量
   - 玉ねぎドレッシング…大さじ2

3. 混ぜてからいただく

豚しゃぶとサラダ菜のサラダ

玉ねぎドレッシングにおろしにんじんを合わせると華やかに。栄養面でも充実。

材料(2人分)と作り方

1. 器に盛る
   - サラダ菜…1個
   - ▶食べやすい大きさにちぎる
   - 豚ロース薄切り肉(しゃぶしゃぶ用)…100g
   - ▶ゆでる

2. かける
   - おろしにんじん…少々
   - 玉ねぎドレッシング…大さじ2

3. 混ぜてからいただく

相性のよい鶏ささみとブロッコリーは、ひと鍋でゆでられるのでラクで時短。ささみは余熱でふんわり火を入れます。

あえものは実はかんたんです。

あえもの

キリッとした味

二杯酢

トマトも二杯酢であえるだけで、たちまち和のあえものに。

酢 大さじ1
＋
うす口しょうゆ 大さじ1

同じ分量の酢としょうゆを混ぜるだけ。うす口しょうゆが食材の色を生かします。

トマトとわかめの二杯酢あえ

材料（2人分）と作り方

盛る
- トマト…1個（150g）
  ▶湯むきして食べやすく切る
- わかめ（刺身用・ゆでたもの）…30g
  ▶食べやすく切る
- 貝割れ菜…少々

あえる
- 二杯酢（右記の分量）をかけ、食べる時にあえる。

トマトは湯むきすると、味がからみやすくなります。

二杯酢、三杯酢は調味料を混ぜてから具にかけてあえるのが一般的ですが、ここでは作りやすいように具に別々にかけて、食べる時にあえる作り方に。

かけるだけサラダ　かんたんあえもの ｜ あえもの

レタスとゆで豚の二杯酢あえ

材料(2人分)と作り方

二杯酢でゆで豚があっさり、レタスの香りが際立ちます。

（盛る）

上から順に器に盛る

レタス…½個(160g)
▶手で食べやすくちぎって水にはなし、パリッとさせ、水気をきる
豚肩ロース薄切り肉(しゃぶしゃぶ用)…80g
▶ゆでる

（あえる）

二杯酢(右記の分量)をかけ、食べる時にあえ、ごま油少々、あれば赤じそのふりかけ(市販)適量をかける。

玉ねぎとゆで鶏皮の二杯酢あえ

材料(2人分)と作り方

薄切りの玉ねぎの口当たりと甘みが節約食材の鶏皮を上品な味に。

（盛る）

上から順に器に盛る

玉ねぎ(スライサーで薄切り)…½個分(160g)
紫玉ねぎ(スライサーで薄切り)…少々
▶玉ねぎはともに水にさらして水気を絞る
鶏皮…1枚分
▶熱湯でゆでて火を通し、細切りにする
水菜など好みの青み野菜…少々

（あえる）

二杯酢(右記の分量)をかけ、食べる時にあえる。

すいかの皮の二杯酢あえ

材料(2人分)と作り方

夏には欠かさず作るお気に入り。シャキシャキ食感がクセになる。

（盛る）

すいかの皮(白い部分)の薄切り…100g

（あえる）

二杯酢(右記の分量)、いりごま(黒)少々をかけ、食べる時にあえる。

すいかの皮は際で切り、果肉を薄く残します。翌日の分を作る場合は、少し厚く切って二杯酢に浸けておくと味がしみておいしくいただけます。

三杯酢

ほんのり甘じょっぱい

酢・うす口しょうゆ 各大さじ1
＋
砂糖 小さじ1

酸味と甘みのバランスが絶妙。砂糖でほんのりコクとうまみがのるのでおかずっぽい味になり、ご飯にも合います。

材料（2人分）と作り方

あえる
ボウルに入れてあえる
- きゅうり…1本（100g）
- みょうが…1個（10g）
  ▶それぞれ縦半分に切って斜め薄切りにする
- 三杯酢…右記の分量

盛る
器に盛り、いりごま（白）少々をふる。

きゅうりは薄切りにすると、あえる前に塩もみしなくても味がしみこみやすくなります。

三杯酢であえると、きゅうりが食べやすく、食感のよさが楽しめます。

きゅうりの三杯酢あえ

「えびと長いもの三杯酢あえ」は、長いもがとろとろになるまで混ぜると、えびともからみがよく、適度な食感も残っておいしい。

きのこの三杯酢あえ

材料(2人分)と作り方

あえる — ボウルに入れてあえる
三杯酢(右記の分量)と溶きがらし少々を混ぜる。
花びらたけ(しいたけ、しめじ、えのきたけ他の好みのきのこでも)…100g
▶熱湯でさっとゆでて水けをきる

盛る — 器に盛り、貝割れ菜をのせる。

えびと長いもの三杯酢あえ

材料(2人分)と作り方

あえる — ボウルに入れてあえる
長いも…120g
▶スライサーで薄切りにしてから、せん切り
三杯酢…右記の分量
おろししょうが…小さじ½

盛る — 器にあえた長いもを盛り、ゆでえび4尾をのせ、あれば木の芽適量を散らす。

蒸し鶏とセロリの三杯酢あえ

材料(2人分)と作り方

盛る — 鶏むね肉…120g(皮をはずしたもの)
▶小さめのフライパンに鶏肉、酒大さじ1、塩ひとつまみを入れてふたをして弱火にかけ、5分ほど蒸しゆでにする。鶏肉に火が通ったら火を止め、ふたをしたまま冷めるまでおき、薄切りにする
セロリ(斜め薄切り)…60g

あえる — 三杯酢(右記の分量)をかけ、青じそ(せん切り)適量をのせ、食べる時にあえる。

蒸し鶏は電子レンジでなく、鍋で蒸しゆでにしてしっとりと。できるだけ薄く切ると舌触りがなめらかに。

好みのきのこで作って、からしで香りづけ。花びらたけで作れば、食感が楽しめます。

せん切りの長いもはクセになる食感。えびで華やかに。

セロリと三杯酢の香りでしっとりとした蒸し鶏を和風に。

酢みそ

コクと甘みで上品な味に

白みそ 大さじ2（40g）
＋
酢、砂糖 各小さじ1

白みそに酢と砂糖を混ぜ、具とあえるだけで京都定番のおばんざいに。ひと味違います。

材料（2人分）と作り方

あえる
ボウルに入れてあえる
酢みそ（右記の分量）を混ぜる
剣先いか（刺身用）…½杯
▶1cm幅に切り、熱湯でさっとゆでる
きゅうり…½本
▶縦半分に切って斜め薄切りにして塩少々でもみ、水けを絞る

盛る
器に盛る。

いかは火が通りすぎるとかたくなるため、角が少し丸まったら、すぐ引き上げます。

いかと酢みその相性は抜群。きゅうりの食感がいいアクセントに。

いかときゅうりの酢みそあえ

あえものにする野菜を塩もみする時は、薄く切ると早く水分が出て時短になります。

油揚げと青ねぎの酢みそあえ

材料（2人分）と作り方

あえる
ボウルに入れてあえる
酢みそ（右記の分量）を混ぜる
油揚げ…30g
▶フライパンで油をひかずに両面をカリッと焼き、ペーパータオルにはさんで押し、余分な油を吸わせて5mm幅に切る
青ねぎ…1本（20g）
▶さっとゆでて3cm長さの斜め切り

盛る
器に盛り、いりごま（黒）適量をかける。

酢みそで油揚げをあえるのは、京都定番のおそうざい。油揚げはカリッと焼いて香ばしく。

豆苗かにかまぼこの酢みそあえ

材料（2人分）と作り方

豆苗…¼株（50g）
▶さっとゆでて水にとって水けを絞り、4cm長さに切る
かに風味かまぼこ…6本（60g）
▶食べやすく切る

あえる
右記の分量を合わせた酢みそをかけ、食べる時にあえる。

節約食材豆苗がかにかまとあえると素敵な前菜に。豆苗の食感が繊細。

炒りこんにゃくの酢みそあえ

材料（2人分）と作り方

こんにゃく（白）…100g
▶薄切りにして保存袋に砂糖大さじ½とともに入れて手でもみ、2分おいて洗う。フッ素樹脂加工のフライパンに入れて中火にかけ、時々、返しながら水分をとばすように炒りつけ、器に盛る

あえる
右記の分量にすりごま（白）大さじ1を合わせた酢みそをかける。あれば木の芽適量をのせる。食べる時にあえる。

こんにゃくは、炒りつけると味と香りが濃くなり、酢みそにぴったり。

こんにゃくは砂糖でもんで洗い流すとアクが抜け、下ゆでするより時短。甘くはなりません。

ほうれん草のごまあえ

甘じょうゆ
ほんのり甘みが野菜をおいしく

ほうれん草に、甘じょっぱい白ごまの風味がぴったり。永遠の定番。

しょうゆ	小さじ1
＋水	小さじ1
＋砂糖	小さじ1/4

少しの砂糖でしょうゆのカドが取れ、まろやかに。ほんのりとした甘みが野菜の香りをおいしく引き立てます。

材料（2人分）と作り方

○ゆでる
ほうれん草…2～3株（100g）
▶ゆでて水にさらし、水けをしっかり絞って3cm長さに切る

↓

○あえる
ボウルに甘じょうゆ（右記の分量）、ほうれん草、すりごま（白）大さじ1を入れてよくあえる。

ほうれん草はゆでる前に水に浸してパリッとさせると早くゆであがり、おいしくなります。

ほうれん草をゆでる時は根元から入れて、くたっとしたら葉を湯に沈めてさっと引き上げ、水にとります。緑色が鮮やかになり、やわらかくなりすぎません。

ゆでアスパラのしょうゆあえ

材料(2人分)と作り方

グリーンアスパラガス…4本
▶根元のかたい部分を折って皮をピーラーでむき、半分に切る。30秒ほどゆでて水けをきり、3cm長さに斜めに切る

ボウルに甘じょうゆ(右記の分量)、アスパラガスを入れてよくあえる。器に盛り、あればいりごま(黒)少々をふる。

アスパラは斜め切りにすると味がからみやすく、なめらかな食感が楽しめます。

ゆでピーマンのしょうゆあえ

材料(2人分)と作り方

ピーマン(緑)…2個
ピーマン(赤)…¼個
▶薄い輪切りにしてさっとゆでる

ボウルに甘じょうゆ(右記の分量)、ピーマン、削り節少々を入れてよくあえる。

ピーマンはしょうゆ味がよく合います。少しの砂糖がピーマンの苦みをまろやかに。

焼きエリンギと厚揚げのしょうゆあえ

材料(2人分)と作り方

エリンギ…1本(60g)
▶縦4等分に切る
厚揚げ…1枚(100g)
▶食べやすく切る
フライパンに油をひかずに中火で熱し、全面をこんがりと焼く。

ボウルに甘じょうゆ(右記の分量)、エリンギ、厚揚げを入れてよくあえる。器に盛り、しょうがのせん切り適量をあしらい、半分に切ったすだち1個分を添える。

焼きたてを甘じょうゆと合わせると味がじゅわっとしみこみます

アクのあるほうれん草や苦みのあるピーマン、特有な香りを持つきのこを甘じょうゆであえると、子どもも食べやすくなります。

練りごま

ごまのコクですぐにおいしく

なすは、レンジで手軽に蒸してなめらかに。練りごまがからんで、いくらでも食べられそう。

練りごま（白）　大さじ1
＋
しょうゆ　小さじ1

濃厚なコクのある練りごまであえるだけで、野菜がまろやかになり、食べごたえが出ます。香りづけのしょうゆがごまの甘みを引き締めます。

レンジ蒸しなすのごまあえ

材料（2人分）と作り方

レンジで蒸す → あえる

なす…2本
▶皮をむいて水に10分さらし、水けを拭いてラップで包み、電子レンジに3分かけ、すぐに箸で食べやすく裂く

ボウルに練りごま（右記の分量）を入れて混ぜ、なすを加えてよくあえて器に盛る。あれば、みょうがの小口切り適量をあしらう。

なすは裂いて味をからみやすくし、熱いうちに練りごまとあえます。

1～2本の少量のなすを蒸すなら、レンジ蒸しがおすすめ。短時間でなめらかになります。

いんげんのごまあえ

材料(2人分)と作り方

 ゆでる
さやいんげん…60g
▶ゆでて食べやすく切る

 あえる
ボウルに練りごま(右記の分量)を入れて混ぜ、いんげんを加えてよくあえる。

味が入りにくい野菜は、濃厚な練りごまとあえます。

ロメインレタスの練りごまあえ

材料(2人分)と作り方

 加熱する
ベーコン…2枚
▶カリカリに焼く
ロメインレタス…2～3枚(70g)
▶さっとゆでて水にとり、2cm幅に切り、水けをしっかりと絞る

 あえる
ボウルに練りごま(右記の分量)を入れて混ぜ、ロメインレタスを加えてよくあえる。器に盛り、ベーコンをのせる。

ロメインレタスに練りごまはよく合います。カリッと焼けたベーコンがごきげんなアクセント。

かんぴょうと牛こまのごまあえ

材料(2人分)と作り方

 ゆでる
かんぴょう(乾燥)…10g
▶塩少々でもんで洗い、水から好みのやわらかさになるまで10分ほどゆでて引き上げ、3cm長さに切る
牛こま切れ肉…40g
▶食べやすく切り、かんぴょうをゆでた湯でゆでてざるにあげる

 あえる
ボウルに練りごま(右記の分量)を入れて混ぜ、水けを拭いたかんぴょう、牛肉を加えてよくあえる。器に盛り、細ねぎの小口切り適量をあしらう。

食べればわかるこの相性。牛こまのうまみとかんぴょうのなめらかな食感は後をひく味。

かんぴょうは甘辛く煮ることが多いですが、ゆでたものを好みの味つけで食べてもおいしく楽しめます。

飲んで安心。ほっとする

おかず汁もの

温かい汁ものには、からだをほっと落ち着かせ、
疲れを癒やす力があります。
忙しい日には、具だくさん汁にすれば、
1杯で栄養バランスよく、
具からうまみや甘みが汁に溶け、
味わい深いおかず代わりのひと品に。
あとはご飯と香のものを添えれば
からだにやさしい一食ができあがります。

あとはご飯でと
という日もあるから

1 具をさっと煮て

2 味つけして

3 卵を落として
できあがり

おすましはかんたん

ストックの水だし（P126参照）で具を煮るだけ。だしのいい香りとうまみでどんな具も短時間でぜいたくな味に。

焼き麩と鶏肉のおすまし

おすましの具(2人分)

焼き麩(乾燥)…15g
　▶水でもどして、水けをギュッと絞る
鶏もも肉…100g　▶皮は除き、2cm角に切る
長ねぎ…½本　▶1cm幅の斜め切り

作り方

1. 鍋にだし汁500mlを煮立て、鶏肉を煮る。
2. 火が通ったら、うす口しょうゆ小さじ1、塩小さじ¼、長ねぎ、焼き麩を入れ、1分煮る。お椀によそい、あれば菊の花を散らす。

焼き麩はもどしてから、しっかり水けを絞って煮ます。

豚肉、大根、わかめのおすまし

おすましの具(2人分)

豚バラ薄切り肉…60g　▶2cm幅に切る
大根…180g　▶短冊切りにする
わかめ(塩蔵)…30g
　▶さっと洗って水でもどし、食べやすい大きさに切る

作り方

1. 鍋にだし汁500ml、大根を入れて煮立て、豚肉を加えて煮て、出たアクをすくう。
2. 大根、豚肉に火が通ったら、わかめを加え、うす口しょうゆ小さじ1、塩小さじ¼で味をととのえる。お椀によそい、あれば粉唐辛子（中びき・韓国産）をふる。

大根は冷たいだし汁から入れて温度を上げながら煮ると、甘みが出ます。煮立ったら、豚肉を加えます。

おつゆがじゅわっとしみ出るお麩が好き。鶏肉の上品なうまみがたまりません。

わかめの磯の香りが豚肉と大根によく合います。

おかず汁もの | おすまし

すくい豆腐と しょうがのおすまし

おすましの具(2人分)
絹ごし豆腐(小)…1丁(300g)

作り方
1. 鍋にだし汁500mlを煮立てて中火にし、うす口しょうゆ小さじ1、塩小さじ1/4で味をととのえ、豆腐をスプーンで大きくすくって入れる。
2. 1〜2分煮て、豆腐に火が通ったら、お椀によそい、おろししょうが、青ねぎ(小口切り)各少々をのせる。

豆腐は、包丁で切らずにスプーンですくうと味のからみがよくなり、見た目も美しく。

ブロッコリー、しいたけのかき玉汁

おすましの具(2人分)
ブロッコリー…80g ▶小房に切る
しいたけ…2枚 ▶軸を落として薄切りにする
溶き卵…1個分

作り方
1. 鍋にだし汁500mlを煮立て、ブロッコリー、しいたけを煮る。
2. ブロッコリーが煮えたら、うす口しょうゆ小さじ1、塩小さじ1/4で味をととのえ、溶き卵を回し入れ、ふんわりと仕上げる。

ブロッコリーは香りと色がとばないように、だし汁が煮立ってから入れます。

絹ごし豆腐を大きめにくずすとおかず風のおつゆに。

ブロッコリーにだしがしみしみ。煮すぎず、卵をふんわり仕上げます。

かぼちゃの甘みが白みそでキリリ。
白みそはうまみ豊富なので、だし汁は使いません。

湯をさっとかけるだけでおいしいのは、
時間をかけて作った削り節、梅干しが具だから。

かぼちゃと白みそのおつゆ

汁の具(2人分)
かぼちゃ…60g ▶4等分に切る
白みそ…80g

作り方
1. 鍋に白みそを入れ、水300mlを少しずつ加えながら、泡立て器で混ぜて溶かし、かぼちゃを入れて火にかける。
2. 煮立ったら弱火にし、かぼちゃに火が通るまで煮る。お椀によそい、溶きがらし適量をあしらう。

白みそは水を少しずつ加えながら、きれいに溶きのばします。

削り節と梅干しのおつゆ

汁の具(1人分)
梅干し…1個
削り節…適量

作り方
お椀に梅干し、削り節を入れて熱湯200ml、うす口しょうゆ小さじ1を入れ、ひと混ぜする。あれば貝割れ菜適量をあしらう。

梅干しから塩けが、削り節からうまみがさっと溶け出し、おいしいおつゆに。

だしいらず汁

肉や魚、根菜や梅干しなどうまみのある食材を具にすれば、だし汁を使わなくてもおいしい汁ものに。

おかず汁もの｜だしいらず汁

短時間でこの上品な味に。
残った塩焼きの鯛でもおいしくできます。

相性のいい牛肉、トマトをレタスと
さっと煮れば、食感のいい軽い汁ものに。

鯛とわかめのおすまし

汁の具（2人分）
鯛の切り身（骨つき）…1切れ（80g）
わかめ（塩蔵）…30g
　▶さっと洗って水でもどし、食べやすい大きさに切る

作り方
1　鍋に水600mlを煮立て、鯛を入れて5分ほどぐらぐらと煮る。
2　1の鯛を取り出して身をほぐす。残った煮汁にうす口しょうゆ大さじ1、わかめ、ほぐした鯛の身を戻し入れる。お椀によそい、しょうがのせん切り少々をあしらう。

鯛はぐらぐら沸いた湯で煮ると、魚の臭みがとびます。

牛肉、レタス、トマトのおつゆ

汁の具（2人分）
牛こま切れ肉…50g　▶食べやすく切る
レタス…2枚（60g）　▶食べやすい大きさにちぎる
トマト…1個（150g）
　▶半分に切って、へたを取り、切り目を入れる

作り方
1　鍋に牛肉、うす口しょうゆ大さじ1を入れて火にかけ、炒りつける。牛肉の色が変わったら水300mlを注ぎ、沸いたらアクをすくい、トマトを加える。
2　トマトの皮を取り除き、レタスを加えてさっと煮る。

牛肉は炒りつけてから煮ると香ばしさも加わり、煮るだけより、つゆにうまみが移ります。

あると助かるおかずみそ汁

だしとみその香りの相乗効果。漂うみその香りは格別。どんな具でも、みそがおいしくしてくれます。

ベーコンはおかず度を増す具。
トマトの酸味とうまみで新鮮な味に。

キャベツ、ベーコン、ミニトマトのみそ汁

みそ汁の具(2人分)

キャベツ…100g ▶ざく切り
ベーコン…2枚(30g) ▶2cm幅に切る
ミニトマト…8個

作り方

1. 鍋にだし汁400mlを煮立て、キャベツ、ベーコンを入れ、キャベツがしんなりするまで煮る。
2. ミニトマトを加え、再び沸騰したら、みそ30gを溶き入れて火を止める。

厚揚げ、なめこ、青ねぎのみそ汁

みそ汁の具(2人分)

厚揚げ(絹)…2枚(180g)
　▶食べやすい大きさに切る
生なめこ…1パック(100g)
　▶ハサミで石づきを切り落とし、水で洗って水けをきる
青ねぎ…1本 ▶斜め切り

作り方

1. 鍋にだし汁400mlを煮立て、厚揚げと青ねぎを入れる。
2. 再び沸騰したら、なめこを加え、すぐにみそ40gを溶き入れて、火を止める。

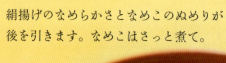

絹揚げのなめらかさとなめこのぬめりが後を引きます。なめこはさっと煮て。

なめこは逆さにして石づきを切り、ボウルに入れた水で受けるとクズが散らばりません。その後、さっと洗います。

おかず汁もの｜おかずみそ汁

かぶ、油揚げ、落とし卵のみそ汁

みそ汁の具(2人分)
かぶ…2個(正味200g)
　▶皮をむいて、小さめの乱切り
かぶの葉(小口切り)…30g
油揚げ…30g　▶1cm幅に切る
卵…2個

作り方
1. 鍋にかぶ、だし汁400mlを煮立てて油揚げを入れ、かぶがやわらかくなったら、みそ40gを溶き入れる。
2. 卵を割り入れ、かぶの葉も加え、ふたをして火を止め、3分おく。

やさしい風味のかぶにだしを含んだ
お揚げさん。黄身のコクがアクセントに。

あさりと大根の赤だし汁

みそ汁の具(2人分)
あさり(殻つき・砂出し済み)…200g
大根…100g　▶皮をむいて短冊切り

作り方
1. 鍋に昆布5cm角1枚、水600ml、あさり、大根を入れて火にかける。
2. 沸騰直前に昆布を取り出し、あさりの殻が開いたらアクをすくい、赤みそ40～50gを溶き入れて火を止める。お椀によそい、粉山椒少々をふる。

キリッとした赤みそで、あさりの
うまみ、大根の甘みを立たせます。

いわしのうまみと野菜の甘みが渾然一体となったぜいたくな汁。何度でも作りたくなる味わい。

いわしのみそ汁

みそ汁の具(2人分)
いわし(頭を落とし、内臓を取ったもの)…150g
白菜…500g
▶熱湯でゆでて、水けを絞り2cm幅に切る

作り方

1　鍋に水1ℓを沸かし、いわしを入れ、ぐらぐら沸いた湯で3分ほどゆでる。いわしに火が通ったら、ざるにあげて小骨を手で除く。ゆで汁は別の器にとっておく。

2　1の鍋にいわし、みそ80gを入れ、練り混ぜる。水けをよく絞った白菜を加えて手で混ぜてなじませ、いわしのゆで汁を戻し入れて火にかけ、煮立ったら10分ほどぐらぐらと煮る。お椀によそい、青ねぎの小口切り、粉唐辛子（中びき・韓国産）各少々をふる。

いわしは湯をぐらぐら沸かしてゆで、臭みをとばしながら、だしをとります。

いわしにみそを混ぜ込むと生臭みが消えます。ここまで前日にやっておいてあとは当日でも。

ひとりの昼ごはんや、何となく今日は軽く済ませたいという日の晩ごはんにちゃちゃっと作れる、ご飯ものは大助かり。

これだけで満足
お昼や軽い晩ごはんに
のせるだけご飯

家にある豆腐や卵を具にすれば、
軽く食べられ、
たんぱく質もしっかりととれ、
栄養バランスもよくなります。
作りやすいだけでなく、
おいしいから、また作る。
具をのせるだけのご飯ものは
結局、そんなメニューを
繰り返し作っています。

ストック食材で作れるから、
買いもの不要。
さばのコクと豆腐が
絶妙のバランスです。

なめらかな絹ごし豆腐と
お揚げさんを煮た
熱々のあんをかけるだけ。
いつでも喜ばれます。

さば豆腐ご飯

材料(1人分)

〈さば豆腐ご飯の素(作りやすい分量)〉
さばしょうゆ煮缶詰
　…1缶(190g)
焼き豆腐…½丁(200g)
　▶2cm角に切る
にんじん(細切り)…10g
しいたけ(小)…2枚
　▶薄切りにする
温かいご飯…適量

1 フライパンにさば豆腐ご飯の素の材料をすべて入れて火にかける。

2 さばをへらでつぶすようにして混ぜながら炒める。

3 汁けが少なくなったら、火を止める。茶碗にご飯をよそい、さば豆腐ご飯の素適量をかけ、あれば青ねぎの小口切り少々をあしらう。

さばは汁けがなくなったらすぐ火を止め、炒めすぎないこと。冷蔵庫で3日間日持ちします。

夫婦みぞれ丼

材料(2人分)

絹ごし豆腐…½丁(200g)
　▶1cm角に切る
油揚げ…30g
　▶5mm角に切る
大根おろし(水けを自然にきったもの)…120g
だし汁…300ml
うす口しょうゆ
　…小さじ2
塩…小さじ⅙
水溶き片栗粉…全量
　┌片栗粉大さじ1
　└水大さじ2
温かいご飯…適量

1 鍋にだし汁を入れて沸かし、うす口しょうゆ、塩、豆腐、油揚げを入れる。

2 再び沸いたら、水溶き片栗粉でとろみをつける。

3 大根おろしを加えてさっと混ぜる。器に温かいご飯をよそってたっぷりとかけ、あれば黄柚子の皮適量をあしらう。

大根おろしは長く煮ると特有のにおいが出るので、とろみをつけてから仕上げに入れます。

トマト目玉焼きご飯

材料(1人分)

トマト…1個(150g) ▶4等分に切る
ピーマン(小)…½個 ▶薄い輪切りにする
オリーブオイル…小さじ1
卵…1個
温かいご飯…適量
しょうゆ…小さじ½

目玉焼きと一緒に好みの野菜を焼いて。しょうゆをかけた黄身がとろりとソース代わりに。

1

フライパンにオリーブオイルを入れて熱し、トマト、ピーマンを入れて焼く。

2

野菜がこんがり焼けたら、卵を割り入れる。

3

卵が好みのかたさの半熟状になったら火を止める。器にご飯をよそって目玉焼き、野菜をのせ、しょうゆをかける。

卵とトマトの相性がいいので、それ以外は好みの野菜で。しょうゆ味をまとめます。

のせるだけご飯

鮭卵とじ甘酢あん

卵とじの甘酢あんは、京都ではおなじみの味。だしがきいて、あっさり。

材料（2人分）
- 甘塩鮭…2切れ（200g）
  - ▶一口大のそぎ切りにし、小麦粉を薄くまぶす
- 卵…3個
- 甘酢あん
  - だし汁…200ml、
  - 酢、うす口しょうゆ…各20ml、
  - 砂糖…小さじ2、片栗粉…大さじ1
- 青ねぎ…1〜2本 ▶斜め細切り
- 太白ごま油…大さじ1
- 温かいご飯…適量

1 小鍋に甘酢あんの材料を入れて、へらで混ぜながら火にかけ、とろみがついてきたら、青ねぎを入れる。

2 フライパンに太白ごま油を熱し、鮭を焼く。上下を返し、鮭に火が通ったら、溶き卵を加える。鮭に卵をからめるように混ぜ、半熟状で火を止める。

3 器にご飯をよそい、**2**をのせ、**1**のあんをかける。

おいしいご飯の炊き方

1 米を洗う

ざるに米を入れ、たっぷり水を入れたボウルの中で洗う。ごしごしこすらず、ざっと手で混ぜ返す。ざるをあげて水をきり、10回ほどかき混ぜ、新しい水をたっぷり入れたボウルでざっと洗う。これをもう1回繰り返す。

2 浸水させる

ざるにあげて水をきり、30分おいて浸水させる。
＊ざるにあげて水をきってポリ袋か保存容器に入れれば「ストック洗い米」（P126参照）に。すぐに炊飯にかかれます。冷蔵庫で3日間保存可。

3 炊く

鍋に浸水させた米と水＊を入れてふたをして中火にかける。沸いたら、ふたを取り、箸で鍋底にこびりついた米をはがして再びふたをし、吹きこぼれない程度の弱火にして10分炊き、火を止め、10分蒸らす。炊飯器の場合は普通に炊く。

＊水の分量は、土鍋で炊く場合は1.3倍にし、鋳物ホーローや厚手の鍋で炊く場合は1.2倍。

甘酢あんにすると、魚の臭みが感じられず、おいしく仕上がります。鮭のピンクと卵の黄色が華やか。

時間がおいしくする
ちょっといいもの

塩やしょうゆの塩けで、時間がたてばおいしくなる、ちょっとしたお気に入り。合わせるものを選ばないので、あると大助かりです。

塩きゅうり

パリッとみずみずしくてシンプルで食べ飽きない味。

きゅうりを切る

きゅうり1本(100g)は皮をむき、長さ4等分に切って縦半分に切る。

塩をまぶす

ボウルに入れ、塩小さじ1/4をまぶして30分以上おく。

冷蔵庫で3日間保存可能

おすすめアレンジ

塩きゅうりにとろろ昆布と梅肉各適量をのせる。

おろししょうがやおろしにんにくを加えて、香りにアクセントをつけても。

フレッシュトマトソース

トマトは湯むきする

トマト1個(150g)は湯むきして1cm角に切る。

塩を混ぜる

塩小さじ¼を入れて混ぜ、30分ほどおく。

冷蔵庫で2日間保存可能

おすすめアレンジ

卵2個に塩ひとつまみを入れて溶く。フライパンにオリーブオイル小さじ2を強めの中火で熱し、卵液を入れてフライパンをゆすりながら手早くかき混ぜ、フライパンを少し傾けて形をととのえる。器に盛り、フレッシュトマトソース適量をかけ、ゆでたブロッコリー適量を添える。

塩でトマトの酸味がまろやかに。たっぷりかけても野菜たっぷりだから軽やか。

刻んだ生のバジル、オリーブオイルを混ぜれば、手軽に本格イタリアンソースに。

オイル玉ねぎ

口当たりのいい
あっさりとした玉ねぎで
肉や魚がぐんとおいしく。

玉ねぎを薄切りにする

玉ねぎ½個(150g)はスライサーで薄切りにする。

塩とごま油であえる

塩小さじ½、太白ごま油大さじ1であえ、しんなりするまで30分ほどおく。

冷蔵庫で3日間保存可能

おすすめアレンジ

焼いた肉や魚に。塩少々をふった鯛の切り身1切れ(80g)をグリルで焼いて器に盛り、青じそ1枚、オイル玉ねぎ適量を添える(写真上)。揚げものに添えても。

玉ねぎはスライサーで薄切りにすると厚さが均一になり、味がなじみやすくなります。

時間がおいしくするちょっといいもの

黄身と白身に分けて

↓

黄身をしょうゆに漬ける

黄身1個につきしょうゆ小さじ½をかけて冷蔵庫で3〜4時間おく。

※4時間以上漬けると黄身がくずれるが、しょうゆごと使えば問題ない。

黄身のしょうゆ漬け

ねっとり濃厚な黄身を添えるとつい食べすぎてしまうおいしさに。

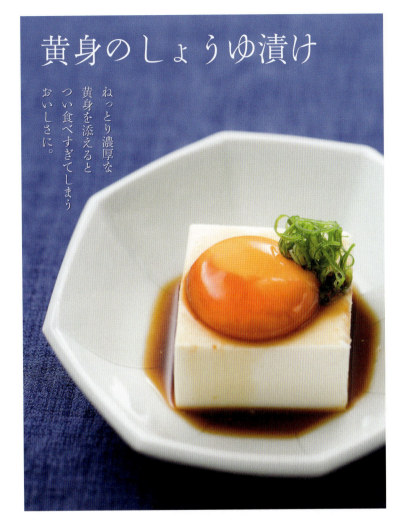

おすすめアレンジ

絹ごし豆腐にのせて(写真上)。熱々ご飯(写真右)やゆでたてのうどん、パスタとは相性抜群。

123　余った白身は、汁ものに入れてかき玉にするとよい。

すぐにできて、待たせない
20分でごはんに欠かせないもの

野菜は最初に使う時、ついでにカット野菜に

カット野菜

2〜4日程度で使う野菜なら、よく使う形や大きさに切って冷蔵庫に入れるだけ。日持ちもよくなります。

玉ねぎ

くし形に切る。
日持ちは冷蔵庫で
冬は4日間、夏は3日間。

長ねぎ

斜めに薄切り。
日持ちは冷蔵庫で
冬は4日間、夏は3日間。

キャベツ

一口大のざく切り。
日持ちは冷蔵庫で
冬は4日間、夏は3日間。

水菜

4〜5cm長さに切る。
日持ちは冷蔵庫で
冬は4日間、夏は3日間。

時短になるのでやっていること

湯を沸かす

意外に時間がかかる湯沸かし。沸かしておけば、野菜をゆでよう、魚を湯ぶりしたいという時もすぐに取りかかれます。

野菜はまとめて切る

野菜は最初に切る時に、その日に使う料理に合う大きさに切り、残りはよく使う大きさに切って冷蔵保存。包丁とまな板を洗う回数も減り、時短に。

鍋のふたは少しずらしてかける

煮炊きものは、鍋のふたを少しずらしてのせ、少し開くように鍋にふたをかけます。鍋中の熱効率がよくなり、調理を時短できるだけでなく、煮汁が蒸発しすぎない、ふきこぼれないなどのメリットが。

同じフライパン・鍋を使い、洗いものを減らす

フライパンは調理後、熱いうちにペーパータオルで拭き取ってから洗うと、汚れがさっととれて時短に。鍋、フライパンは、洗って拭いて片づけるのに意外に時間がかかっています。

ゆで野菜

傷みやすい野菜、葉野菜、ゆでても状態が変わらない野菜向き。同じ湯で順にゆでると効率的。

もやし
湯に入れて再沸騰してから10秒ゆでて湯をしっかりきり、よく冷ます。
日持ちは冷蔵庫で2日間。

ほうれん草
30秒ほどゆでて水で冷やし、水気をよく絞り、4cm長さに切る。
日持ちは冷蔵庫で2日間。

ブロッコリー
1～2分ゆでて小房に分け、湯をしっかりきり、よく冷ます。
日持ちは冷蔵庫で3日間。

さやいんげん
5cm長さに切り、2分ゆでて湯をしっかりきり、よく冷ます。
日持ちは冷蔵庫で3日間。

水つけ野菜

根菜は水につけておくと、変色しにくく長持ちします。調理しやすい大きさに切って。

じゃがいも
皮をむいてそのままか、使いやすい大きさに切る。日持ちは冷蔵庫で冬は5日間、夏は3日間。

さつまいも
皮つきのまま輪切り。
日持ちは冷蔵庫で冬は5日間、夏は3日間。

れんこん
皮をむいて半月切り。
日持ちは冷蔵庫で冬は10日間、夏は5日間。

ごぼう
皮をこそげて乱切り。
日持ちは冷蔵庫で冬は10日間、夏は5日間。

肉や魚は冷凍しないで、冷蔵でよりおいしく

ゆでおき
いかはゆでて冷ましてから保存しておけば、炒めものやぬたにすぐ使えます。冷蔵庫で3日間日持ちします。

酒・しょうゆ漬け
えびやいかは生のまま酒をからめると生臭みがとれ、冷蔵庫で3日日持ちします。刺身は切ってしょうゆに漬けておけば、そのまま食べられます。いわゆる、すし屋さんで「づけ」と呼ばれているもの。冷蔵庫で1日日持ちします。

焼きおき
いろいろな料理に展開しやすい鮭を焼いて保存します。ほぐせば鮭フレークに。冷蔵庫で3日間日持ちします。

オイル漬け
薄切り肉はそのまま、かたまり肉は斜め薄切りにして塩をして、好みのオイルに漬けます。防腐作用のあるにんにくやしょうがを入れると香りも豊かに。日持ちは冷蔵庫で冬は4日間、夏は3日間。

使いきらなきゃという ストレスのない 「混ぜるだけ」使いきりだれ

フレッシュなすりおろしトマトが いいかくし味。
トマケチャソース
トマトケチャップ、おろしたトマト各50gを混ぜる。

こんな料理に
肉や魚のソテー、オムレツ、蒸し鶏、蒸し豚などに。

それだけでも 食べたいおいしさ。
タルタルソース
ゆで卵1個、紫玉ねぎ30g、パセリ少々をそれぞれみじん切りにしてマヨネーズ100gと混ぜる。

こんな料理に
魚介類のソテー、フライ、蒸しじゃがいも、蒸しブロッコリーなどに。

ほんのりはちみつの甘みで 食べやすくまろやかに。
コチュジャンだれ
コチュジャン、酢、はちみつ各大さじ1を混ぜる。

こんな料理に
たこ、いか、えびなど魚介類の刺身、冷やっこ、生野菜に。

わが家の永遠の定番。
野菜に肉に魚に、万能。
玉ねぎドレッシング
酢、みりん、サラダ油各90ml、おろし玉ねぎ45ml(大さじ3)、塩大さじ1を混ぜる。

こんな料理に
肉や魚のソテー、オムレツ、蒸し鶏、蒸し豚などに。

炊きたてご飯と おだしがあれば 時短ごはんはいつも満足

ストック水だし

わが家の料理に欠かせない「水だし」。冷水ポットに水、昆布、削り節を入れて2時間以上おくだけで、うまみと香りのあるだし汁に。だしをとるのも時短、和食作りも驚くほど時短になるのに、時短とは思えない味になり、大助かりです。

材料(作りやすい分量)と作り方
冷水ポットに、昆布5g、だし用のパックに削り節(できれば、そうだがつお、あじ、いわしなどが混ざった混合節)15g、2ℓの水を入れ、2時間以上おく。冷蔵庫で夏は2日、冬は3日間保存できる。

ストック洗い米

いわゆる「自家製ストック無洗米」。これさえ用意しておけば、忙しい日でも「炊きたて」熱々のご飯の香り、甘みが楽しめます。家に帰ったら、水加減して早炊きモードで炊くだけ。ご飯が炊ける間に「焼きたて」の魚や肉、水だしを使った「できたて」汁ものが作れ、満足度の高い食卓に。

米を普通に洗い、ざるにあげて水をきり、ポリ袋か保存容器に入れる。冷蔵庫で3日間保存可。

ついでに作る自家製ストックと
無理なく20分で晩ごはん

毎日、効率よくおいしい料理が短時間でできるのは、調理のついでにちょこちょこ進める自家製カット野菜(P124)やストック洗い米(P126)などの下ごしらえや作りおきおかずのおかげ。ご飯の炊きあがりをゴールに定めておかずを作れば、香りよく熱々の料理がタイミングよくそろいます。そして、忙しい時こそ、おいしい料理は心のためにも必要です。

4 作りおいたおかずを盛る

冷めてもよい作りおきのおかずを器に盛ってスタンバイ。

1 ご飯を炊き始める

ストック洗い米を水加減して早炊きモードでスイッチオン。

5 魚や肉を焼く

メインおかずになる魚や肉料理の調理にとりかかるのは、一番最後に。たんぱく質食材は先に作ると、冷めてかたくなってしまいます。

2 食材をまとめて切る

野菜→肉→魚の順に切ります。最初にまとめて切ると、全体の時短ができます。

6 汁ものを仕上げる

汁ものの味つけをする、溶き卵を入れる、みそを溶くなどの仕上げを最後に。ここでご飯が炊きあがります。

3 さっと煮、汁ものを作る

水だしを使って、空いているコンロで鍋ひとつでできる煮ものをさっと作ります。冷めるうちに味が入り、食べる頃にはいい味に。汁ものは、途中まで作り、仕上げを残しておきます。

大原千鶴（おおはら・ちづる）

料理研究家。京都・花脊の料理旅館「美山荘」の次女として生まれ、自然の中で食材に触れ、小学生の頃には旅館のまかないを担当しながら、料理の腕を磨く。3人の子どもの子育ての経験から生まれた、素材を生かし、無駄にしない、多忙な日々を送る女性を助ける作りやすいレシピが人気。『まいにちおべんとう』『大原千鶴の和食』（いずれも高橋書店）、『冷めてもおいしい和のおかず』（家の光協会）、『旨し、うるわし、京都ぐらし』（世界文化社）など、著書多数。

デザイン	兼沢晴代
撮影	鈴木正美
撮影アシスタント	重枝龍明
スタイリング	中山暢子
料理アシスタント	酒井智美
企画・編集	土居有香（メディエイトKIRI）
プロデュース	高橋インターナショナル

大原千鶴のまいにちのごはん

著　者　大原千鶴
発行者　高橋秀雄
発行所　株式会社高橋書店
　　　　〒170-6014 東京都豊島区東池袋3-1-1 サンシャイン60 14階
　　　　電話　03-5957-7103

ISBN978-4-471-40874-9
©OHARA Chizuru Printed in Japan

定価はカバーに表示してあります。
本書および本書の付属物の内容を許可なく転載することを禁じます。また、本書および付属物の無断複写（コピー、スキャン、デジタル化等）、複製物の譲渡および配信は著作権法上での例外を除き禁止されています。

本書の内容についてのご質問は「書名、質問事項（ページ、内容）、お客様のご連絡先」を明記のうえ、郵送、FAX、ホームページお問い合わせフォームから小社へお送りください。回答にはお時間をいただく場合がございます。また、電話によるお問い合わせ、本書の内容を超えたご質問にはお答えできませんので、ご了承ください。本書に関する正誤等の情報は、小社ホームページもご参照ください。

【内容についての問い合わせ先】
書面　〒170-6014
　　　東京都豊島区東池袋3-1-1
　　　サンシャイン60　14階
　　　高橋書店編集部
FAX　03-5957-7079
メール　小社ホームページお問い合わせフォームから
　　　　（https://www.takahashishoten.co.jp/）

【不良品についての問い合わせ先】
ページの順序間違い・抜けなど物理的欠陥がございましたら、電話03-5957-7076へお問い合わせください。ただし、古書店等で購入・入手された商品の交換には一切応じられません。